DR. MARTIN LUTHER KING JR.
COM LISA A. CRAYTON E SHARIFA STEVENS

SÓ A LUZ É CAPAZ

60 DEVOCIONAIS SOBRE LUTHER KING PARA CRIANÇAS

ILUSTRAÇÕES DE CAMILLA RU

TRADUÇÃO DE ELEN CANTO

Copyright ©2023 por Thomas Nelson
Todos os direitos reservados por Vida Melhor Editora LTDA.

Em parceria com **IPM**
Direitos garantidos pela Intellectual Properties Management, Inc., Atlanta GA, licenciante
exclusiva do espólio de King.

As citações bíblicas são da Nova Versão Internacional (NVI), da Bíblica, Inc., a menos que seja
especificada uma outra versão da Bíblia Sagrada.

Os pontos de vista desta obra são de responsabilidade de seus autores e colaboradores diretos,
não refletindo necessariamente a posição da Thomas Nelson Brasil, da HarperCollins Christian
Publishing ou de suas equipes editoriais.

Publisher	Samuel Coto
Editora	Brunna Prado
Produção editorial	Gisele Romão da Cruz
Tradução	Elen Canto
Preparação	Emanuelle Malecka
Revisão	Elaine Freddi
Diagramação	Patrícia Lino
Adaptação de capa	Luna Design

Dados Internacionais de Catalogação na Publicação (CIP)
(BENITEZ Catalogação Ass. Editorial, MS, Brasil)

K64s

1.ed.   King Junior, Martin Luther, 1929-1968

Só a luz é capaz: 60 devocionais sobre Luther King para crianças / Martin Luther King
Jr. com Lisa A. Crayton e Sharifa Stevens; Tradução Elis Regina Emerencio; ilustração Camila Ru. – 1.
ed. – Rio de Janeiro: Thomas Nelson Brasil, 2024.

192 p.; il.; 15,5 × 23 cm.

Título original: Only light can do that: 60 days of MLK: devotions for kids.
ISBN 978-65-5689-905-3 (capa dura)

1. Crianças – Orações e devoções. 2. King Junior, Martin Luther, 1929-1968 – Literatura
juvenil. 3. Vida cristã – Meditações – Literatura juvenil. I. Crayton, Lisa A. II. Stevens,
Sharifa. III. Emerencio, Elis Regina. IV. Ru, Camila. V. Título.

03-2024/93   CDD 028.5

Índice para catálogo sistemático:
1. Literatura infantojuvenil 028.5
2. Literatura juvenil 028.5
Aline Graziele Benitez – Bibliotecária - CRB-1/3129

Thomas Nelson Brasil é uma marca licenciada à Vida Melhor Editora LTDA.
Todos os direitos reservados à Vida Melhor Editora LTDA.
Rua da Quitanda, 86, sala 601A — Centro
Rio de Janeiro — RJ — CEP 20091-005
Tel.: (21) 3175-1030
www.thomasnelson.com.br

SUMÁRIO

Introdução: A luz de Martin Luther King Jr.   7

1. Uma luz para todos   **16**

PARTE 1: VALOR

2. Tão bom quanto qualquer um   18
3. Mantenha a dignidade   22
4. Reconheça seu valor   24
    Perfil de ativista: Audrey Faye Hendricks   28
5. O sonho   30
6. Qual é o nosso valor?   32
7. Não tenha medo   34

PARTE 2: COMUNIDADE

8. Enxergue a beleza   36
9. Conhecidos pelo amor   38
10. Todos unidos já   40
    Perfil de ativista: Ruby Bridges   42
11. Trabalhem juntos   44
12. Abra os olhos   48
13. A cara do futuro   50

PARTE 3: ESPERANÇA

14. Deus está trabalhando	52
Perfil de ativista: Sheyann Webb	**56**
15. Esperança durante as dificuldades	58
16. Não se rebaixe	60
17. Derrota temporária	62
18. Estampas e estrelas	64
19. A mudança está chegando	68
Perfil de ativista: Robert Avery	**70**
20. Um amanhã melhor	72
21. Esperança atrasada	74
22. Uma pedra de esperança	76

PARTE 4: PERDÃO E RECONCILIAÇÃO

23. Um coração transformado	80
24. Decida amar	82
25. Refresque	84
26. Sem vingança	86
Perfil de ativista: John Lewis	**88**
27. Uma atitude de perdão	90
28. Como ganhar um amigo	92

PARTE 5: COMPAIXÃO

29. Uma comunidade de amor	94
30. Você tem escolha	98
31. Forças para amar	100
Perfil de ativista: Charles Bonner	**102**
32. Vale a pena arriscar	104
33. O silêncio machuca	106

PARTE 6: CORAGEM

34. Poder para mudar	108
35. Defenda a verdade	110
36. A arma mais poderosa	114
37. Não se deixe levar	116
Perfil de ativista: Marilyn Luper	**120**
38. Comece a se mexer!	122
39. Fique desconfortável	124

PARTE 7: EM BUSCA DA JUSTIÇA

40. Arma secreta	126
41. O fluxo da justiça	130
42. O voto é uma escolha	132
43. Não espere	136
Perfil de ativista: Ernest Green	**138**
44. Louve a Deus	140
45. Onde houver justiça	144
46. Peça mais	146

PARTE 8: AMOR EM AÇÃO

47. No ritmo	148
48. Um canal do evangelho	150
49. A verdadeira educação	154
50. Seja uma estrela	156
Perfil de ativista: Claudette Colvin	**160**
51. Hora de agir	162
52. Mensagens de cura	164
53. Todos eles	166
54. Amor em ação	168

55. Motivos puros		172
56. O toque da liberdade		174

PARTE 9: SACRIFÍCIO

57. Sem parar		176
58. Apto a viver		180
Perfil de ativista: Diane Nash		**182**
59. Diga sim		184
60. Seguindo na fé		186

Sobre os autores *190*

Introdução

A LUZ DE MARTIN LUTHER KING JR.

A VIDA DO DR. MARTIN LUTHER KING JR. era imersa em luz. Por ser filho e neto de pastores, o jovem Martin aprendeu sobre a luz de Deus quando ainda era criança. Antes até de saber ler os mandamentos e as promessas da Bíblia, ele via Jesus brilhar no amor que os pais demonstravam, tanto por ele como por outras pessoas. Eles lhe ensinaram que não há lugar para ódio na família de Deus. Martin valorizava muito as palavras da mãe, Alberta: "Você é tão bom quanto qualquer um", e as atitudes do pai, que lutou no tribunal de Atlanta contra a segregação racial em elevadores.

Os mandamentos do Senhor são límpidos e trazem luz aos olhos.
CF. SALMOS 19:8

Mas o conhecimento do jovem Martin sobre a luz de Deus evidenciou a dor do racismo em seu estado natal, a Geórgia, nos Estados Unidos. Em sua autobiografia, ele se lembrou de quando ele e o pai foram a uma loja de sapatos, e o vendedor disse:

— Ficarei feliz em atendê-los se vocês se sentarem naqueles bancos lá atrás.

Meu pai respondeu imediatamente:

— Não há nada de errado com estes bancos. Estamos bem confortáveis aqui.

— Desculpe, mas vocês precisam mudar de lugar.

— Ou compraremos os sapatos sentados aqui — meu pai retrucou, — ou não compraremos nada.

Então ele me pegou pela mão e saiu da loja... Ainda me lembro de caminhar pela rua ao seu lado enquanto ele murmurava:

— Não importa quanto tempo terei de viver com este sistema, jamais o aceitarei.

Durante a juventude, Martin aprendeu que seguir a luz de Jesus não significava ficar cego à injustiça, mas sim desafiá-la. Seguir Jesus significava lutar contra as trevas. O jovem estudou profundamente sobre o conhecimento e a verdade. Ele pulou uma série no Ensino Fundamental e terminou o Ensino Médio aos 15 anos. Aos 25, já era doutor em teologia, o estudo sobre Deus.

Ao longo da vida, Martin Luther King Jr. tomou decisões para seguir a luz de Jesus. Esse compromisso levou-o a trabalhar como pastor, como *ativista* e depois como líder de um movimento nacional pelos direitos civis.

ATIVISTA: pessoa que trabalha para mudar a cultura ou a política.

Vamos aprender mais sobre o trabalho de Martin Luther King Jr. como ativista? Primeiro, precisamos entender que as ações dele eram baseadas na fé cristã.

Para os cristãos, andar na luz significa:

- acreditar que Jesus é o Filho de Deus;
- acreditar que Jesus morreu como pagamento pelos erros de todas as pessoas, para reaproximá-las de Deus;
- acreditar que Jesus ressuscitou e agora vive no céu; e
- amar a Deus e amar o próximo.

A luz de Jesus não é uma luz comum. A luz de Jesus não apenas ilumina a verdade para nos conscientizar de nossos erros, mas também irradia o perdão por esses erros. A luz de Jesus brilha para nos aproximar de Deus e uns dos outros. O objetivo de Jesus era a *reconciliação*. Ele não veio para punir o mundo, mas para levar o mundo de volta ao relacionamento com o Deus da luz.

RECONCILIAÇÃO: reaproximação de duas pessoas que estão separadas.

Jesus compartilhava sua luz com generosidade. Ele oferecia descanso, cura e verdade a todo tipo de pessoa: mulheres, homens e crianças; ladrões e traidores; líderes e pobres; negros e brancos. Jesus jamais usou a violência para se defender quando as pessoas se revoltavam contra o que ele dizia. Fazia tudo com paz e amor e convidava as pessoas a seguirem seu exemplo. Ele continuou em paz até quando foi acusado injustamente e condenado à morte por líderes que consideravam sua luz uma ameaça. Os líderes, tanto religiosos como do governo, queriam que tudo continuasse do mesmo jeito e conspiraram para matar Jesus e apagar sua luz. Mas não conseguiram, pois ele ressuscitou, e sua luz continua brilhando.

Por seguir Jesus, Martin Luther King Jr. se dedicou a estudar e pregar a Palavra de Deus e a cuidar da comunidade. Em 1954, começou a pastorear em Montgomery, no estado do Alabama. No ano seguinte, uma mulher negra, chamada Rosa Parks, se recusou a ceder o lugar dela no ônibus naquela mesma cidade, acontecimento que mudou a vida do dr. King. No sul dos Estados Unidos, a vida era *segregada*. Os negros não podiam ocupar o mesmo lugar que os brancos nas escolas, nos restaurantes, nas igrejas e nas lojas. Eles tinham permissão para se sentar somente nos bancos de trás dos ônibus. Quando uma pessoa branca queria sentar-se em um ônibus lotado, uma pessoa negra tinha de ceder o lugar. As ações de Rosa levaram a um *boicote*, em que os manifestantes negros não andariam de ônibus até que os passageiros negros fossem tratados com os mesmos direitos que os passageiros brancos.

SEGREGAÇÃO: sistema que separa pessoas por raça.

BOICOTE: protesto em que as pessoas atuam juntas para deixar de usar ou de comprar determinado produto ou serviço ou de participar de uma atividade como forma de se opor à injustiça.

Ao decidir liderar o boicote aos ônibus, Martin Luther King Jr. recebeu mais uma função: ativista. A partir daí, ele se comprometeu totalmente a combater a sombra da injustiça, tornou-se o principal líder do movimento pelos direitos civis nos Estados Unidos e levou a luz a muitos dos lugares mais sombrios do país.

O dr. King escreveu uma vez: "A escuridão não é capaz de expulsar a escuridão, só a luz é capaz. O ódio não é capaz de expulsar o ódio, só o amor é capaz." Ele descreveu poeticamente os opostos amor e ódio em termos de luz e escuridão. Agir por amor em vez de reagir ao racismo com ódio e medo foi a base de sua estratégia. King queria promover uma paz honesta. É por isso que ensinou a *desobediência*

civil não violenta. Ele liderou os manifestantes a marchar de maneira pacífica, a protestar e a desobedecer a leis injustas, suportando com coragem toda violência sem revidar.

DESOBEDIÊNCIA CIVIL NÃO VIOLENTA: uso de ações pacíficas para desobedecer a leis consideradas erradas.

Martin Luther King Jr. acreditava na promessa bíblica de que a luz amorosa de Deus tinha o poder de transformar o opressor em nosso próximo. "Esperamos poder atuar na luta de modo que eles percebam suas atitudes erradas e passem a nos respeitar. Assim, poderemos todos viver juntos em paz e igualdade."

Em Montgomery, os negros recebiam um tratamento pior por causa da cor da pele. Você consegue imaginar como é viver assim? Os negros tinham de entrar pela porta dos fundos nas empresas e na casa dos brancos. Não podiam tocar nas mercadorias das lojas para experimentar sapatos ou roupas. Não podiam usar os mesmos banheiros públicos que os brancos. As leis de segregação forçavam os negros a viver, a aprender, a louvar, a brincar e a trabalhar apenas onde os brancos permitiam. As leis de segregação tinham um nome: "Jim Crow", um apelido ofensivo para uma pessoa negra.

A desobediência civil não violenta contra a segregação custou caro. Durante o boicote aos ônibus, Martin Luther King Jr. foi parado pela polícia várias vezes, multado por infrações de trânsito inventadas e ameaçado de prisão. "É uma honra ser preso por uma causa justa", ele respondeu. A polícia parava manifestantes que andavam de carona. Taxistas negros eram ameaçados. Muitos manifestantes negros foram despedidos quando os empregadores brancos descobriram que seus funcionários estavam participando do boicote. Muitos brancos temiam a *integração* por acharem que os negros tinham menos valor.

INTEGRAÇÃO: pessoas de diferentes raças convivendo em liberdade e igualdade.

DIREITOS CIVIS: direitos concedidos aos cidadãos de um país.

Mesmo sendo cidadãos dos Estados Unidos, os negros norte-americanos não tinham os direitos dos cidadãos, chamados *direitos civis*. O tribunal mais poderoso, o Supremo Tribunal dos Estados Unidos, decidiu que separar os negros era uma prática justa. Em um caso chamado "Plessy contra Ferguson", em 1896, o Supremo Tribunal disse que ter escolas, banheiros, bairros e lojas "separados, mas iguais" era algo bom para o país.

Mas, na verdade, nada era igual. Os negros não podiam votar, não tinham acesso às mesmas oportunidades nem tinham o mesmo poder que outros cidadãos. Nos Estados Unidos, todos os cidadãos têm direito de votar e de ter líderes que os representem no governo. Contudo, antes de o direito ao voto se tornar lei nos Estados Unidos, em 1965, os negros não eram representados de nenhuma maneira. Os brancos decidiam quais leis seriam aprovadas. Os juízes e os jurados dos tribunais eram brancos. Os brancos decidiam quanto gastar nas escolas locais. Os brancos definiam onde os negros teriam permissão para morar. Os brancos eram responsáveis por selecionar os alunos que entrariam nas faculdades. Os brancos dirigiam a maioria dos hospitais e todas as delegacias de polícia. Os negros não tinham voz e contavam com poucas opções para moldar a própria vida. Esse sistema dividido se baseava na *supremacia branca*.

SUPREMACIA BRANCA: crença de que os brancos são superiores a todas as outras raças.

As trevas do racismo e da injustiça eram profundas. O movimento pelos direitos civis lançou uma grande luz sobre o mal das injustas leis Jim Crow. Martin Luther King Jr. liderou movimentos para corrigir os erros da desigualdade no que diz respeito a leis, direitos de voto, acesso à educação e outros direitos civis para os negros, mas não parou por aí. Também se manifestou contra a guerra, pediu ajuda em favor dos pobres e lutou contra o racismo direcionado a latinos, asiáticos, indígenas e judeus. Trabalhou para acender a luz de Deus sobre a dignidade de todas as pessoas.

Martin Luther King Jr. e defensores da liberdade de todas as idades e origens se sacrificaram muito para acender essa luz durante o movimento pelos direitos civis. Alguns estavam prontos para dar a própria vida. Mais de quarenta pessoas fizeram isso. O dr. King foi morto em 4 de abril de 1968, enquanto organizava uma marcha para ajudar garis a receberem um salário justo. No dia anterior, 3 de abril, ele falou sobre a morte quase como se soubesse que ela estava por vir, mas não estava com medo.

> Não sei o que vai acontecer agora. Teremos alguns dias complicados pela frente. Mas isso não importa para mim agora. [...] Eu só quero fazer a vontade de Deus. Ele permitiu que eu subisse à montanha. E eu olhei. E vi a terra prometida. Talvez eu não chegue lá com vocês, mas quero que saibam que nós, como povo, chegaremos à terra prometida. Por isso, estou feliz hoje. Não estou preocupado com nada. Não temo nenhum homem. Meus olhos viram a glória da vinda do Senhor!

Embora Martin Luther King Jr. tenha morrido, a luz dele continua brilhando. Continua brilhando porque não era apenas a luz do dr. King. É a luz de Jesus. E, se seguirmos Jesus, a luz do Senhor brilhará em nós também.

1 UMA LUZ PARA TODOS

— Vocês são a luz do mundo. Não se pode esconder uma cidade construída sobre um monte.
MATEUS 5:14

A escuridão não é capaz de expulsar a escuridão, só a luz é capaz. O ódio não é capaz de expulsar o ódio, só o amor é capaz.

MARTIN LUTHER KING JR. ANDAVA APRESSADO NOITE ADENTRO. Sua mulher e seus filhos estavam esperando por ele em casa. King estava ansioso para ouvir as crianças gritando de felicidade quando entrasse pela porta para jantar com eles na cozinha. Uma sombra pairava depois da rua. Havia alguém o observando? O dr. King seguiu dos postes que iluminavam a rua e chegou em casa logo.

Assim como um poste nos ajuda a ver quando está escuro lá fora, o dr. King encorajava as pessoas a irradiarem a luz e o amor de Deus para que os outros vissem, assim como Jesus disse em Mateus 5:14. Jesus ensinou que a bondade e a paz iluminam nosso mundo sombrio. A violência é sombria e fica ainda mais sombria quando é respondida com mais violência. O ódio é sombrio e jamais será derrotado por palavras ou ações sombrias e cheias de ódio. Contudo, o amor é uma luz brilhante. O amor é acolhedor, bondoso e prestativo. Ele une as pessoas. Assim como a luz e as trevas, o amor e o ódio não podem estar no controle ao mesmo tempo. Um será mais forte.

Martin Luther King Jr. escolheu ser uma luz em nome de Jesus. Ele brilhou ao pregar sobre o amor de Deus. Incentivou as pessoas a amarem o próximo. Protestou contra leis injustas. Defendeu os direitos de todas as pessoas. E, assim como Deus, aceitou pessoas de diferentes raças e culturas.

Com a ajuda de Deus, você pode expulsar as trevas do mal, como Jesus fez enquanto esteve na terra e como fez por meio de Martin Luther King Jr. Como você pode agir e falar para iluminar o mundo:

- Seja o primeiro a pedir desculpas e a aceitar desculpas de outras pessoas.
- Não deixe de ser amigo nem quando estiver chateado com alguém.
- Aceite pessoas de diferentes raças, culturas e características como elas são: indivíduos únicos criados por Deus.
- Seja bom com todos na escola e no bairro.
- Lute contra o bullying.
- Ore pelos problemas que você vê e pelas pessoas prejudicadas que você conhece.

Ser luz em lugares escuros fará você se destacar como uma cidade reluzente em uma colina. Algumas pessoas não vão gostar dessas características. Outras vão querer estar perto de seu brilho. Deixe sua luz, seu amor por Jesus, brilhar todos os dias. O mundo precisa de você. Brilhe para que as pessoas possam enxergar o caminho do amor e da paz.

Você pode expulsar as trevas com a luz que vem do Espírito de Deus.

Senhor, me ajude a ser a luz que mostra teu amor às outras pessoas. Mostra como posso fazer mudanças de maneira pacífica.

2 TÃO BOM QUANTO QUALQUER UM

Mas, se tratarem os outros com parcialidade, cometem pecado e serão condenados pela lei como transgressores.
TIAGO 2:9

Você é tão bom quanto qualquer um.
(Citação de sua mãe, Alberta Williams King)

O JOVEM MARTIN LUTHER KING JR. OLHOU ATENTAMENTE PARA A BOLINHA DE GUDE na calçada, mirou e deu um peteleco. A bola de gude amarela de Martin passou raspando na verde do amiguinho dele, que deu um grito. Que erro!

Martin adorava brincar com o amigo. Como os pais do garoto eram donos de uma loja do outro lado da rua, ele passava muito tempo brincando no quintal de Martin. Mas, quando os dois foram para a escola, tudo começou a mudar. O amigo não era mais tão amigável. Então, quando Martin tinha 6 anos, o menino disse que eles não poderiam mais brincar juntos. O amiguinho de Martin era branco.

Martin ficou triste e confuso. Durante o jantar, ele perguntou aos pais sobre o que tinha acontecido e aprendeu sobre racismo naquele dia. Os pais dele explicaram a história norte-americana, em que os negros eram tratados como se valessem menos do que os brancos. Os brancos foram ensinados a não serem amigos dos negros, se não também seriam maltratados.

Eles falaram sobre a escravidão e a segregação. Martin já sabia que os negros não podiam fazer as mesmas coisas que os brancos e sabia que os negros eram tratados injustamente. Agora ele sabia o motivo.

Martin ficou com raiva. Ele acreditava que odiaria os brancos pelo resto da vida.

Enquanto a comida esfriava no prato, a mãe de Martin garantiu a ele que nascer negro não o tornava menos valioso. "Ela deixou claro que era contra esse sistema e que eu jamais deveria permitir que isso me fizesse sentir inferior", escreveu ele mais tarde. Seus pais disseram que os cristãos não praticavam o ódio, mas tinham um chamado para amar. O pequeno Martin acabou se tornando um homem com grande capacidade de respeitar a si próprio e de amar.

Muitas coisas na vida podem fazer você sentir que não tem importância. Você pode achar que não é capaz de fazer o que Deus quer que você faça. Talvez pense que todo mundo tem talento, menos você. Talvez pense que alguém é mais inteligente. Ou talvez apenas se sinta insignificante. Lembre-se de que Deus criou você com seus próprios dons e interesses para um propósito. Ele tem tarefas para você realizar e lhe dará as palavras, as habilidades e a coragem para realizá-las. Você não é pior do que ninguém. Você é o melhor que Deus poderia fazer.

Respeite a todos, inclusive você mesmo.

Senhor, agradeço por me fazer como sou.

3 MANTENHA A DIGNIDADE

A voz lhe falou pela segunda vez: — Não chame impuro ao que Deus purificou.
ATOS 10:15

Eles perceberam que, no fim das contas, era mais honroso andar pelas ruas com dignidade do que andar de ônibus com humilhação.

NA DÉCADA DE 1950, andar de ônibus em Montgomery, Alabama, era uma experiência terrível para os negros. Eles tinham de pagar a passagem na frente do ônibus. Depois tinham de descer e entrar novamente pela porta dos fundos. Havia uma seção do ônibus na parte de trás para os negros, que não podiam escolher onde se sentar. E, se o ônibus lotasse, os negros deveriam ceder o lugar aos brancos e se levantar.

O dr. King tornou-se pastor em 1954 em Montgomery. Ele morava lá havia um ano quando Rosa Parks se recusou a deixar um passageiro branco pegar o lugar dela no ônibus. Ela desobedeceu à lei que permitia a segregação nos ônibus e foi presa.

Os moradores negros estavam cansados de ser tratados como se não tivessem valor e, após a prisão de Rosa Parks, decidiram boicotar os ônibus. A partir de 5 de dezembro de 1955, eles não pegavam ônibus para lugar nenhum e escolheram Martin Luther King Jr. como porta-voz do boicote. Com isso, ele se tornou um líder dos direitos civis conhecido no país inteiro.

A maioria dos negros de Montgomery não tinha acesso a carros. Eles iam ao trabalho, à igreja e ao mercado a pé. Alguns trabalhadores foram demitidos por participarem do boicote. Alguns foram presos. Mas, mesmo com todos esses sacrifícios, os negros não andavam mais de ônibus.

A cidade descobriu exatamente quanto valiam os clientes negros: eles perderam de 30 mil a 40 mil passagens por dia, todos os dias, durante mais de um ano. O boicote terminou após 381 dias, em 20 de dezembro de 1956, quando a prefeitura retirou os lugares segregados. Naquele mesmo ano, o Supremo Tribunal acabou com o transporte segregado. O povo negro de Montgomery manteve a dignidade.

No livro de Atos, o apóstolo Pedro desprezou os gentios, pois achava que tinham menos valor do que judeus como ele. Mas Deus o visitou em sonho para dizer que os gentios eram iguais aos judeus e orientou Pedro a acolher os gentios na família de Deus. Quando Pedro acordou, três gentios apareceram à porta. Pedro logo percebeu que Deus queria que ele acompanhasse os homens. A obediência do apóstolo levou muitas pessoas a Cristo.

Deus criou os humanos à sua imagem (cf. Gênesis 1:27), então devemos nos sentir dignos! Viver sob leis de segregação privava a dignidade dos negros. Cansado de ver seu valor ser contestado, o povo de Montgomery reagiu. Ao encontrar pessoas que tentam tirar a sua dignidade ou a de outras pessoas, revide com a verdade.

Lute pelo valor de todos.

Querido Deus, agradeço por proteger nosso valor.

4 RECONHEÇA SEU VALOR

Pois é Deus quem produz em vocês tanto o querer quanto o realizar, de acordo com a boa vontade dele.
FILIPENSES 2:13

Fomos inspirados pelo desejo de dar a nossos jovens uma noção de seu próprio interesse na liberdade e na justiça. Acreditávamos que eles teriam a coragem de atender ao chamado.

UM MAR DE CRIANÇAS PASSAVA PELA PORTA da igreja. Meninas, meninos e adolescentes conversavam sobre as aulas que perderiam e como os pais reagiriam a seus planos. Alguns pais alertavam os filhos para continuarem na escola e não irem à igreja. Outros pais choravam, sorriam e oravam pelos filhos.

Os jovens que entravam na Igreja Batista da rua Dezesseis, em Birmingham, chegaram para a passeata.

Quando os protestos em Birmingham estagnaram, porque os adultos negros estavam com medo, os líderes dos direitos civis pediram ajuda aos jovens. As crianças não podiam ser demitidas dos empregos nem expulsas da casa que alugavam. Martin Luther King Jr. e os outros líderes acreditavam que os jovens poderiam causar um grande impacto.

O dr. King esperava receber críticas por incentivar crianças a protestar, mas ele sentiu que elas precisavam fazer parte da solução contra a segregação. Ele acreditava que fariam um bom trabalho e que teriam a coragem necessária. E estava certo! A Cruzada das Crianças de Birmingham causou um alvoroço na imprensa e gerou uma cobrança nacional dos direitos civis para os negros. A campanha foi fundamental para pressionar o governo a aprovar a Lei dos Direitos Civis de 1964 e a proibir a segregação.

Em 2 de maio de 1963, mais de mil jovens fizeram uma passeata em direção ao centro de Birmingham. Centenas acabaram na prisão. Mesmo assim, no dia seguinte, centenas de crianças e adolescentes participaram de outra passeata. Foi assustador. Os policiais gritavam nos megafones: "Saiam dessa fila ou irão para a cadeia." Já que os jovens manifestantes continuaram, a polícia não se conteve. Um manifestante contou mais tarde: "Primeiro nos deparamos com os cães e as mangueiras. [...] A pressão da água era forte. Rasgaram roupas e machucaram. [...] Fomos colocados em uma cela que, pelo que sei,

comporta 650 pessoas. E nessa cela tinha mais de 1.500 pessoas. Era gente demais."

Fotos de policiais agredindo as crianças apareceram em todo o país. Os rostos jovens olhando para as mangueiras, os cães rosnando e os cacetetes tiveram um impacto que as imagens semelhantes de adultos não tiveram. Pessoas dos Estados Unidos e do mundo todo ficaram horrorizadas com a brutalidade e despertaram para a crueldade da supremacia branca.

Mas a cobertura dos jornais também revelou a coragem das crianças. Elas demonstraram mais força do que os adultos covardes que as feriram e prenderam. As ações corajosas ajudaram a acabar com a segregação. Elas vivenciaram os grandes problemas da comunidade e decidiram fazer parte da solução. Não esperaram crescer para exigir justiça.

É muito bom trabalhar em prol de um mundo justo para outras pessoas. Mas você também é capaz de fazer isso por si mesmo. Você merece justiça e bondade. Reconheça seu valor! E, ao construir um futuro melhor, você também criará mudanças para os outros.

Defenda-se.

Espírito Santo, me ajuda a contar com o poder de Deus ao defender meu próprio valor.

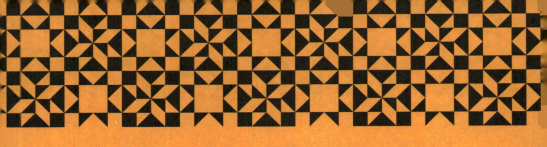

AUDREY FAYE HENDRICKS

22 de maio de 1953 — 1º de março de 2009

A udrey Faye Hendricks tinha apenas 9 anos, mas sabia que suas pernas conseguiriam acompanhar a passeata. Em uma manhã de primavera de 1963, ela foi até a igreja em Birmingham, Alabama. Um grupo de crianças se reunia para fazer uma passeata. Ela estava vestida para o dia especial, com sapatos de couro envernizado, uma camisa branca de gola e um lindo casaquinho rosa. Ela estava disposta a ir para a cadeia.

Audrey entrou na fila com outras crianças. Ela era a única aluna do Ensino Fundamental I, mas não se importava. Estava pronta para caminhar junto às centenas de crianças mais velhas. As crianças marchavam em protesto contra a segregação. Ela era muito jovem, mas já sabia o que era beber água suja em um bebedouro e se sentar no fundo do ônibus.

No dia 2 de maio, mais de mil crianças e adolescentes marcharam. Eles cantaram "Ain't Gonna Let Nobody Turn Me 'Round" [Não vou deixar ninguém me fazer voltar]. Audrey era a manifestante mais jovem. Mesmo sendo apenas crianças, Audrey e muitos outros manifestantes foram presos. Ela ficou presa por seis dias. Furiosos, os guardas da prisão gritavam com ela, que ficou cercada por estranhos. Ela também ficou trancada sozinha em um quarto minúsculo por muitas horas. Audrey se tornou uma das pessoas mais jovens a ser presa durante o movimento pelos direitos civis. Centenas de crianças foram presas no que ficou conhecido como a Cruzada das Crianças.

5 O SONHO

Não há judeu nem grego, nem escravo nem livre, nem homem nem mulher, pois todos são um em Cristo Jesus.
GÁLATAS 3:28

Ainda tenho um sonho... de que um dia esta nação se levantará e viverá o verdadeiro significado do seu credo: "Consideramos evidentes estas verdades, que todos os homens são criados iguais."

MARTIN LUTHER KING JR. ENFRENTOU 250 MIL PESSOAS aglomeradas no National Mall, com o imponente Monumento a Washington ao fundo. Um mar de negros e brancos, católicos e protestantes, judeus e gentios participaram da passeata em apoio aos negros na Marcha por Emprego e Liberdade de 1963, em Washington, D.C. O dr. King passou dias escrevendo seu discurso para a passeata. Ele ainda estava trabalhando nisso no hotel na noite anterior e finalmente terminou de escrever às 4h da manhã. Estava bom, mas faltava alguma coisa.

Na hora do discurso, o dr. King começou a ler. Sua amiga Mahalia Jackson estava sentada perto dele e sentiu falta do calor que as palavras dele costumavam ter. Ela se inclinou em direção ao púlpito e sussurrou: "Fale sobre o sonho, Martin." O incentivo dela o trouxe de volta a si. Ele largou o discurso em que havia trabalhado por tanto tempo e disse as palavras que ficaram famosas: "Ainda tenho um sonho." Sua voz ganhava energia à medida que ele falava livremente com o coração.

O sonho de Martin Luther King Jr. era que os Estados Unidos tratassem todos como iguais, como diz a constituição do país. Ele acreditava que a constituição ecoava a verdade da Bíblia. O apóstolo Paulo escreveu sobre a igualdade em Cristo porque observou que os crentes judeus não achavam que Jesus aceitaria os gentios (não judeus) a menos que eles seguissem as regras judaicas. Os crentes judeus se separaram porque achavam que estavam mais próximos de Deus. Paulo corrigiu esse ponto de vista e disse que, em Cristo, todos os crentes estão unidos no amor. Eles eram iguais, mesmo sendo diferentes.

O discurso do dr. King foi transmitido na televisão. Os jornais escreveram sobre ele. Pessoas do mundo inteiro adoraram! O discurso logo se tornou um dos discursos mais famosos já feitos e é mencionado até hoje. O discurso "Eu tenho um sonho", de Martin Luther King Jr., é muito amado, porque sua visão de todos se entendendo era linda.

Assim como o dr. King precisou de um pequeno alerta para compartilhar seu sonho, você pode se lembrar da verdade por trás desse sonho: fomos todos criados em igualdade por um Deus que ama a cada um de nós. Quando celebramos nossa singularidade e respeitamos uns aos outros, tanto pelas diferenças como pelas semelhanças, vivemos o sonho.

Faça amizade com alguém diferente de você.

Espírito Santo, me faz lembrar da beleza de sermos diferentes, mas unificados em Jesus.

6 QUAL É O NOSSO VALOR?

Deus não trata as pessoas com parcialidade.
CF. ATOS 10:34

O valor humano está no relacionamento com Deus. Um indivíduo tem valor porque tem valor para Deus. Sempre que isso é reconhecido, a "branquitude" e a "negritude" desaparecem [...] e são substituídas por "filho" e "irmão".

— HORA DA AULA! — A PROFESSORA JANE ELLIOT CHAMOU os alunos do terceiro ano.

Antes do início do dia letivo, a professora queria definir algumas regras especiais. Naquele dia, os meninos e meninas de olhos azuis seriam os primeiros a comer, os primeiros a ir para o recreio e poderiam tomar água no bebedouro. "Crianças de olhos castanhos devem usar copos descartáveis e não podem tocar no bebedouro", disse ela.

A professora Jane queria demonstrar a injustiça do preconceito. Ela queria mostrar aos alunos que todas as pessoas têm o mesmo valor e que não deveriam ser segregadas com base em características físicas.

Por fim, tanto as crianças de olhos castanhos como as crianças de olhos azuis foram tratadas injustamente e trataram os colegas de turma injustamente.

Essa aula trouxe algumas lições:

- Não faz sentido maltratar os outros por causa de uma característica física.
- É fácil se tornar a pessoa que maltrata a outra.

- As pessoas se sentem diminuídas quando são maltratadas por causa de uma característica física.
- Quando um grupo trata outro grupo como inferior, os dois grupos sofrem.

Deus não trata as pessoas melhor ou pior por causa de qualquer característica, nem pelo dinheiro, nem pelo lugar onde moram ou estudam, nem pelo tipo de celular que têm. Deus também não trata as pessoas de maneira diferente conforme a cor da pele. Seu amor é grande demais para ser limitado! Todo ser humano foi feito à imagem de Deus, e por isso todos temos valor. Quando magoamos ou zombamos de outras pessoas por causa da forma como Deus as criou, estamos discordando de Deus.

Martin Luther King Jr. baseava suas ações nos direitos civis e em seu conhecimento sobre Deus. Ele sabia que o Senhor valorizava todas as pessoas e que nascemos com valor simplesmente porque ele nos criou e nos ama. O dr. King acreditava que os policiais que o levaram para a prisão tinham valor para Deus, assim como acreditava que os próprios filhos tinham valor para Deus.

Temos paz quando honramos as diferenças criadas por Deus e entendemos que todos somos amados e valorizados por ele.

Deus ama você, e muito! E Deus ama seus vizinhos, seus colegas de escola, seus parentes e até mesmo seus inimigos.

Conheça seu valor.
Conheça o valor do próximo.

Espírito Santo, me ajuda a tratar a
todos com o mesmo amor: o teu amor.

7 NÃO TENHA MEDO

— Portanto, não tenham medo deles. Não há nada escondido que não venha a ser revelado nem oculto que não venha a ser conhecido.
MATEUS 10:26

Nossos medos usam muitos disfarces diferentes e se vestem de trajes estranhamente diferentes.

QUANDO A GUERRA CIVIL AMERICANA ACABOU, em 1865, muitos brancos ficaram com medo do que aconteceria depois que os negros ficaram livres. Como os fazendeiros ganhariam a vida sem trabalho não remunerado? Quem cuidaria das crianças e limparia as casas? Os negros conseguiriam empregos e se afastariam dos brancos?

No estado do Tennessee, um grupo de brancos incentivava esses medos e espalhava ideias racistas de que os negros não eram totalmente humanos. O grupo se autodenominava Ku Klux Klan (KKK). Enquanto espalhavam uma cultura de ódio por todo o sul e pelo resto dos Estados Unidos, o grupo se tornou uma organização coordenada com membros, líderes e reuniões. Os membros da Klan eram empresários, líderes religiosos, banqueiros e outros líderes comunitários brancos que atacavam os negros e suas propriedades e assolavam a vida dos negros com medo constante. Os membros da Klan não queriam que os outros soubessem que eles faziam parte do grupo, então se disfarçavam com túnicas e capuzes brancos.

Hoje, existem alguns grupos de supremacia branca que continuam a missão de medo e ódio racista da KKK. Eles afirmam que os negros e outras pessoas racializadas são inferiores aos brancos. O objetivo deles é impedir que as pessoas racializadas tenham direitos iguais aos dos outros cidadãos. Outros, que não fazem parte de nenhum grupo oficial, também espalham o medo e o ódio secretamente: o valentão que zoa o colega mais pobre quando a professora não está olhando. A pessoa com um perfil *fake* que publica conteúdo de ódio. O repórter que distorce os fatos para apoiar ou atacar determinado grupo ou pessoa.

Há muitas coisas a temer neste mundo, mas Deus diz que não precisamos temer. Ele vê o que está oculto no rosto e no coração desses intimidadores e vai tirar as máscaras e as túnicas deles e expor os segredos.

Existe alguém que faz você sentir medo? Peça a Deus para lhe dar coragem e ajudar a saber a melhor forma de responder. Converse sobre a situação com um adulto de sua confiança. Ele pode ajudar você a encontrar uma maneira de expor o ódio e acabar com ele ou a superar seus medos e ignorar o agressor. Mas, por mais que as coisas pareçam assustadoras, lembre-se de que Deus está ao seu lado.

Memorize um versículo bíblico sobre coragem.

Espírito Santo, expõe as transgressões e me ajuda a confiar no Senhor quando eu estiver com medo.

PARTE 2 COMUNIDADE

8 ENXERGUE A BELEZA

 Diante de mim havia uma grande multidão que ninguém podia contar, de todas as nações, tribos, povos e línguas, em pé, diante do trono e do Cordeiro.
CF. APOCALIPSE 7:9

 Unidade nunca foi sinônimo de uniformidade.

QUAL É A COR DE SEU CABELO? Qual é a cor de seus olhos? Eles são exatamente iguais aos de seus parentes ou amigos? As diferenças fazem você amar menos essas pessoas? Claro que não!

As diferenças são boas para nosso Criador. Deus fez o mundo cheio de cores. Flores, árvores e pessoas mostram que Deus planejou um mundo diverso. Quando pessoas de muitas culturas ser reúnem, podemos ver a obra de Deus. Ele fez pessoas de pele clara. Fez outras pessoas com pele com tons mais escuros. E não parou por aí. Criou diferentes formatos e cores de olhos. Até os cabelos variam de muito claros a muito escuros.

Talvez você já tenha ouvido pessoas bem-intencionadas dizerem: "Eu não vejo a cor da pele" como forma de expressar a aceitação de pessoas de diferentes raças. Elas tentam ser "daltônicas". Mas, mesmo que pareça ser uma celebração da igualdade, é como se apagassem a singularidade das pessoas. A cor está em todos os lugares. Não é possível ignorá-la. Consegue imaginar alguém que não enxerga a cor de sua pele, de seu cabelo ou de seus olhos? É difícil pensar como seria isso. Você seria como um esqueleto? Todas as partes coloridas de seu corpo ficariam invisíveis?

Deus criou uma diversidade de texturas, cores, tamanhos, sons e sabores. Ele não queria que ignorássemos essas diferenças! É por isso que Deus nos deu sentidos para experimentar toda a diversidade que o mundo tem a oferecer. Isso não vale apenas aqui, como também no céu.

No livro de Apocalipse, o autor retrata uma cena de adoração diante do trono celestial de Deus, descrevendo os adoradores pelo que eles têm em comum e por suas diferenças. Todos amavam a Deus e queriam gritar de alegria pela salvação, mas não tinham a mesma aparência nem soavam iguais. Não adoravam em uma língua, mas em *todas* as línguas. O céu não apaga a origem das pessoas. Nossas diferenças são uma bela parte da adoração.

O mundo é belo *por causa* da diversidade. Enxergue a beleza nas pessoas, exatamente como Deus as fez. Esteja disposto a aceitar. Tente ser uma ponte que conecta pessoas diferentes. Ajude as pessoas a verem o quanto Deus as ama e a forma maravilhosa como ele as criou.

Aproveite o mundo colorido de Deus.

Espírito Santo, me ajuda a aceitar plenamente as pessoas para que se sintam vistas e ouvidas.

9 CONHECIDOS PELO AMOR

 Amem uns aos outros. Como eu os amei, vocês devem amar uns aos outros. Deste modo todos saberão que são meus discípulos: se vocês amarem uns aos outros.
CF. JOÃO 13:34-35

 O resultado da não violência é a criação de uma comunidade amada, enquanto o resultado da violência é a trágica amargura.

MARTIN LUTHER KING JR. E A ESPOSA DESEMBARCARAM do avião. A viagem foi longa, e eles estavam cansados, mas animados. Eles estavam na Índia, por onde viajariam durante um mês inteiro para aprender mais sobre *satyagraha*.

O dr. King tinha lido sobre um dos cidadãos mais amados da Índia, Mohandas Gandhi, que havia definido *satyagraha* como "força da verdade" ou "apegar-se à verdade" e combatia a desigualdade e a discriminação em seu país com base nessa ideia. Na época, alguns indianos eram chamados de "intocáveis", a base de um sistema de classificação que dividia aquela nação. Os "intocáveis" não tinham acesso à educação nem à adoração. Estavam presos na pobreza.

Gandhi se recusava a chamá-los de "intocáveis" e os chamava de "filhos de Deus". Ele levava pessoas rejeitadas aos templos para adorar ao seu lado. Também resistia ao controle britânico. O governo britânico havia tirado a Índia do povo à força décadas antes, e Gandhi não achava correta a forma como tratavam os indianos. Ele queria construir uma nação onde todos fossem valorizados. Embora Gandhi tivesse morrido anos antes da visita de Martin Luther King Jr., seus princípios estavam vivos.

O dr. King levou a ferramenta da *satyagraha* aos Estados Unidos, pois imaginava um mundo movido pelo amor e sem discriminação, pobreza nem violência. Ele chamava esse mundo de "Comunidade Amada" e acreditava que alcançaríamos a paz quando todos resolvessem os conflitos por meio do amor e não por violência.

Como líderes, Gandhi e Martin Luther King Jr. estavam dispostos a sofrer pela justiça: ambos foram presos, receberam ameaças de morte e foram mortos por causa de seu ativismo.

Jesus disse que o maior amor que as pessoas poderiam demonstrar era dar a vida pelos amigos (cf. João 15:13). O dr. King imaginou uma Comunidade Amada em que todos os membros teriam a mesma disposição de se sacrificar por amor. Sua visão veio diretamente de Jesus, que poderia ter escolhido qualquer característica divina para seus discípulos se concentrarem, mas escolheu "amar uns aos outros" como forma de demonstrar que pertencemos a ele.

Você consegue imaginar essa comunidade? Um lugar onde pessoas de todas as raças e capacidades convivam com amor e respeito. Um lugar onde as divergências sejam resolvidas com apertos de mão e onde palavras gentis sejam frequentes e as pessoas honrem as diferenças. Um lugar onde todos tenham acesso a alimentos, remédios, moradia e educação. Agora imagine se esse tipo de harmonia e segurança existisse em comunidades de todo o mundo.

Deixe que seu amor pelos outros seja o maior alicerce da Comunidade Amada.

Construa a Comunidade Amada resolvendo os problemas com amor e respeito.

Deus, que eu demonstre teu grande amor no modo como trato outras pessoas.

10 TODOS UNIDOS JÁ

Importemo-nos uns com os outros para nos incentivarmos ao amor e às boas obras.
HEBREUS 10:24

A injustiça em qualquer lugar é uma ameaça à justiça em todos os lugares. [...] Tudo o que afeta uma pessoa diretamente afeta a todas indiretamente.

"ESTOU EM BIRMINGHAM porque a injustiça está aqui."

Ao escrever uma carta em uma cela de prisão em 1963, o dr. King explicou por que foi para o Alabama. Ele tinha acabado de liderar uma passeata não autorizada pela cidade com mil pessoas. Alguns queriam que ele fosse embora e reclamaram que o Alabama estava se transformando em um lugar desconfortável para se viver, porque pessoas de fora chegavam ao estado para protestar. Achavam que os negros se contentavam em viver em segregação, sem representatividade e tratados como inferiores. Essas pessoas acusaram o dr. King de trazer agitação racial para um lugar pacífico.

Isso não era verdade! Na realidade, apenas quem reclamava se sentia confortável com o racismo. Eles não percebiam as cruzes queimadas, os assassinatos, o desemprego e a limitação de moradia que seus vizinhos negros sofriam. Não percebiam que o racismo havia transformado seu estado em um local de violência constante. Não percebiam porque o coração deles não enxergava a injustiça.

O racismo fere a todos. Pessoas negras foram vítimas de violência racial, mas pessoas brancas também foram prejudicadas, pois limitaram sua própria humanidade pela maneira como trataram outras como inferiores. Elas se acostumaram com o caminho da violência. O dr. King se referiu a isso quando disse: "Tudo o que afeta uma pessoa diretamente afeta a todas indiretamente." Todos fazemos parte de uma comunidade.

Uma *rede* é um sistema que conecta coisas ou pessoas. O movimento pelos direitos civis foi uma rede de justiça criada para deter a violenta rede do racismo e incluía todo tipo de pessoas que entendiam que os direitos humanos para negros fariam todo o país melhorar. Elas entendiam que a luta pela igualdade de direitos beneficiava a todos.

No livro de Hebreus, o autor falou sobre a importância de incentivarmos uns aos outros. Seguir Jesus significa entender que os cristãos estão conectados em uma comunidade de fé. Estamos conectados com as pessoas do passado que demonstraram fé em Deus. Estamos conectados com as pessoas do presente, também, para apoio mútuo.

Você pode decidir de que tipo de rede quer fazer parte. Vai pausar sua vida para ajudar os necessitados e incentivar outras pessoas a se juntarem a você?

Defenda a justiça, em todos os lugares.

Senhor, permite que eu veja a rede do amor e participe dela.

RUBY BRIDGES

8 de setembro de 1954—

A cada passo, uma menina de 6 anos chamada Ruby Bridges ficava mais perto das portas da nova escola. Ela caminhava com a mãe escoltada por quatro policiais enquanto objetos eram jogados em direção a elas. Adultos gritavam palavras ofensivas. Ruby agarrou a mão da mãe. Ela estava assustada demais para chorar. A garota entrou direto na escola.

Ruby foi uma das primeiras alunas negras a integrar uma escola totalmente branca nos Estados Unidos. Ela fez o jardim de infância em uma escola somente para negros, mas a segregação passou a ser ilegal quando ela estava no primeiro ano. Crianças negras e brancas agora podiam ir à escola juntas. A nova escola ficava mais perto da casa de Ruby. O local era mais agradável. Os livros eram mais novos. Assim, em 1960, os pais de Ruby decidiram enviá-la para a William Frantz Elementary School, em Nova Orleans, onde era a única aluna negra matriculada.

Os alunos e os pais brancos não queriam Ruby lá. Uma multidão se reuniu do lado de fora da escola para mandar a pequena Ruby embora. Uma polícia especial chamada de marechais federais manteve Ruby em segurança. Durante um ano inteiro, ela foi a única aluna da turma porque os pais das outras crianças se recusaram a mandá-las para a escola com uma criança negra.

No ano seguinte, algumas crianças brancas voltaram. Havia, também, outras crianças negras na escola. Ruby tinha colegas com quem brincar!

Ruby, os pais dela e outras famílias corajosas enfrentaram multidões enfurecidas e violência para integrar as escolas. Por causa de suas ações, crianças de todas as cores podem brincar e aprender juntas.

11 TRABALHEM JUNTOS

Aquele que anda com os sábios será cada vez mais sábio, mas o companheiro dos tolos acabará mal.
PROVÉRBIOS 13:20

Todos nós devemos aprender a conviver como irmãos, ou todos pereceremos juntos como tolos.

UM MAR DE PESSOAS ENTRAVA PELAS PORTAS DA CHRIST CATHEDRAL CHURCH lutando contra uma ventania para chegar a tempo, segurando os chapéus para não voarem. Mais de mil moradores de St. Louis lotaram a igreja. Eles procuravam um espaço para ficar enquanto esbarravam cotovelos e bolsas. Os que conseguiram se sentar ficaram empoleirados em cadeiras dobráveis que foram colocadas até o altar. Enquanto as nuvens se acumulavam e se adensavam do lado de fora, os porteiros fecharam as portas da igreja lotada. Centenas de pessoas, decepcionadas, voltaram para casa.

A multidão tinha ido ouvir Martin Luther King Jr.

Quando ele começou a pregar naquele dia, em março de 1964, o povo ficou em silêncio. A voz de Martin Luther King Jr. encheu a sala.

"Deus está interessado na liberdade de toda a raça humana", disse. Ele argumentou que uma lei de direitos civis, que estava em andamento, seria para todos. Os norte-americanos poderiam conviver no amor como uma grande família, ou todos eles poderiam sofrer as consequências da insanidade racista.

O racismo afeta a todos. Machuca suas vítimas de maneiras óbvias, cicatrizando corpos e limitando oportunidades. Mas o racismo também prejudica as pessoas que acreditam que são melhores por causa da cor da pele. O ódio enche o coração delas. Essas pessoas fazem coisas terríveis. Além disso, perdem a amizade e o conhecimento que os outros oferecem. Os racistas são ignorantes!

O movimento pelos direitos civis revelou a insanidade da segregação. Empresários recusavam serviços a pessoas negras, mesmo que isso significasse perder dinheiro. As escolas fecharam em vez de permitir a presença de alunos negros. Mães amorosas se transformavam ao gritar ameaças e insultos contra crianças negras que entravam na escola de seus filhos. O ódio do racismo envenenou o coração e a alma dessas pessoas.

O dr. King pediu a todos que se unissem no amor e seguissem em frente para criar um país que agisse como uma grande família de irmãos e irmãs. Se não o fizessem, a nação inteira sofreria o castigo dos ignorantes.

Pense em uma pessoa sábia que você conhece. Que conselho ou ajuda de seu pai, mãe, professor ou amigo ajudou você a amar com mais intensidade? Talvez você tenha percebido alguma ignorância ao seguir um mau conselho ou mau exemplo. Não seja ignorante! Junte-se a pessoas sábias que demonstram amor e tratam todos como família.

Peça sabedoria a Deus.

Espírito Santo, me perdoa pelas vezes em que agi como ignorante ao tratar mal o próximo e me ajuda a crescer em sabedoria.

12 ABRA OS OLHOS

O profeta respondeu: — Não tenha medo. Aqueles que estão conosco são mais numerosos do que eles. Então, Eliseu orou: — Senhor, abre os olhos dele para que veja. [...]
2REIS 6:16-17

Vamos lembrar que há uma força criativa neste universo trabalhando para derrubar as gigantescas montanhas do mal; um poder que é capaz de encontrar uma saída do nada e transformar passados sombrios em futuros brilhantes.

UM EXÉRCITO IMPROVÁVEL SE FORMAVA. Estudantes universitários se aglomeraram na praça, e alguns até se sentaram nos telhados dos prédios em volta. Alguns jovens viajaram de outras partes da Califórnia apenas para ouvir o discurso de Martin Luther King Jr. sobre a guerra no Vietnã. Ao ver a multidão de jovens, o dr. King deve ter notado que quase todos eram brancos e todos estavam ouvindo concentrados.

"Custa 500 mil dólares para matar cada soldado inimigo, enquanto gastamos apenas 53 dólares por ano para cada pessoa pobre", disse King. Os estudantes tinham medo de ser forçados a servir no exército. Eles não concordavam com a guerra e não consideravam os vietnamitas inimigos. Esses jovens representavam o tipo de "exército" que o dr. King esperava: um exército de amor, com tropas que desejavam buscar o bem tanto do próximo como do resto do mundo.

Deus está sempre do lado do bem, da justiça e do amor. Nunca estamos sozinhos quando defendemos essas causas, pois Deus está conosco. Muitas vezes, ele também usa pessoas para levar justiça e amor, e os aliados chegam de lugares inesperados. No caso de Martin Luther King Jr., esses aliados eram jovens estudantes brancos. O dr. King teve visão para reconhecer como esses jovens foram afetados pelas políticas de guerra, e os jovens tiveram visão para reconhecer o dr. King como um líder a quem valia a pena ouvir.

Nem sempre conseguimos ter a visão de justiça e mudança que Deus quer trazer ao mundo. Às vezes, conseguimos enxergar apenas nossos problemas. Outras vezes, conseguimos ver somente o quanto o outro lado parece forte e assustador. Foi o caso do servo de Eliseu.

Eliseu foi um dos profetas do Antigo Testamento que tinha a função de falar aos israelitas conforme o que Deus lhe dizia e fazer o que Deus o capacitava a fazer. Na época, os arameus estavam em guerra contra os israelitas e cercaram a cidade onde Eliseu estava para capturá-lo. O servo de Eliseu tinha medo, mas Eliseu confiava no Senhor e não temeu. O profeta orou para que seu servo visse o mesmo que ele: o exército de Deus com carros de fogo cercando o inimigo.

Quando fazemos a obra de Deus — dizer a verdade, demonstrar bondade, defender o que é certo —, não precisamos ter medo. Deus já está lá, lutando conosco. Ele nos protege enquanto fazemos sua vontade.

Converse com outras pessoas sobre o que Deus está fazendo em sua comunidade.

Espírito Santo, me mostra onde o Senhor está trabalhando para que eu possa participar também.

13 A CARA DO FUTURO

Meus irmãos, como crentes em nosso glorioso Senhor Jesus Cristo, não tratem as pessoas com parcialidade.
TIAGO 2:1

Vocês, jovens [...], de alguma forma descobriram o fato central da vida norte-americana: que o alcance da democracia para todos os norte-americanos depende da integração completa dos negros norte-americanos.

O DR. KING OLHOU PARA A MULTIDÃO antes de fazer seu discurso e ficou satisfeito com o fato de 26 mil jovens terem marchado em Washington, D.C. Diante dele estavam jovens com idades que variavam de crianças do Ensino Fundamental a estudantes universitários. Havia rostos de todos os tons, escuros como o céu noturno, marrons dourados e claros como creme. Líderes dos direitos civis e outros cidadãos também se juntaram à multidão na Marcha da Juventude por Escolas Integradas, em 1959. Foi a segunda marcha a mostrar apoio à integração escolar, permitindo que crianças de todas as raças fossem à escola juntas.

A integração escolar caminhava lentamente na década de 1950. Haviam se passado cinco anos desde que o Supremo Tribunal dos Estados Unidos decidira que escolas separadas devido à raça eram ilegais em um caso chamado *Brown X Conselho de Educação*. Mas os governos estaduais não mudaram a prática de manter escolas separadas para crianças brancas e negras. Muitos estados do sul fecharam escolas em vez de receber estudantes negros para se juntarem a seus colegas brancos na sala de aula.

Diante do dr. King naquele dia havia 26 mil motivos para a integração ser uma prioridade para os jovens. Os jovens presentes na marcha mostraram que estavam determinados a fazer que a decisão do tribunal se tornasse uma realidade em suas escolas. Não apenas isso, mas, enquanto olhava para a multidão cheia de energia, o dr. King viu o potencial de novos eleitores que poderiam mudar as posições do congresso e do presidente com seus votos.

O dr. King e outros líderes dos direitos civis organizaram marchas de jovens para pressionar os estados a obedecerem à lei e acabarem com a segregação na educação. Ele também queria mostrar aos juízes do Supremo Tribunal que muitas pessoas os apoiavam e convidou cidadãos do norte e do sul, jovens e idosos, negros e brancos a marchar para mostrar apoio à decisão do tribunal.

O dr. King chamou essa multidão de "a cara do futuro", um futuro em que crianças de diferentes raças estudariam, cresceriam e brincariam juntas. Ele viu a unidade deles. Admirava sua coragem e seu compromisso com a democracia.

Hoje, você é a cara do futuro. Como você trará unidade e igualdade ao mundo?

Encontre uma forma de tornar sua escola um lugar melhor para todas as crianças aprenderem.

Espírito Santo, agradeço pelas pessoas que me ajudam a aprender.

PARTE 3 ESPERANÇA

14 DEUS ESTÁ TRABALHANDO

Essa esperança não nos decepciona, porque o amor de Deus foi derramado no nosso coração [...].
ROMANOS 5:5

Nós venceremos porque o arco do universo moral é longo, mas se inclina em direção à justiça.

VOZES SE UNIRAM, altas e baixas, jovens e velhas:

> *"Oh, no fundo do meu coração, eu creio*
> *Um dia venceremos."*

Conforme a música "We Shall Overcome" [Nós venceremos] continuava, as vozes ganhavam força e enchiam a igreja. O violão dedilhava em ritmo lento. O público batia os pés e as mãos.

Pessoas negras sempre usaram a música para fortalecer a comunidade. Os africanos escravizados entoavam canções religiosas, chamadas *spirituals*, para invocar a força e a esperança em Deus. Às vezes, as músicas continham mensagens ocultas sobre a fuga para a liberdade. Outras anunciavam reuniões secretas. Algumas eram orações sinceras de sofrimento e de súplica. Após a escravidão, os negros passaram as músicas para seus filhos e netos, que cantavam juntos para celebrar sua ancestralidade. Cantavam para protestar contra o tratamento injusto. Cantavam para adorar.

Muitos *spirituals* se tornaram canções de liberdade durante o movimento pelos direitos civis. Os ativistas cantavam em reuniões de planejamento, em protestos e em passeatas. Às vezes, acrescentavam palavras sobre os desafios que estavam enfrentando. Como as melodias dos antepassados, as notas e letras de canções de liberdade deram força aos ativistas. Além disso, cantar juntos criava união e incentivava as pessoas a continuarem cooperando.

As canções de liberdade também enchiam as pessoas de esperança, pois as ajudavam a confiar em Deus em situações difíceis. Músicas como "We Shall Overcome" expressavam confiança em um futuro melhor. O dr. King gostava dessa canção porque refletia a mensagem de que o bem venceria o mal. Ele acreditava que os negros venceriam as lutas que enfrentavam nos Estados Unidos e esperava que a

resistência não violenta ajudasse negros e brancos a trabalharem juntos para construir esse futuro.

Romanos 5 menciona a esperança que não decepciona. A única esperança que não decepciona é a esperança baseada em um poderoso Deus. O Senhor cumpre suas promessas. Não conseguimos ver tudo o que ele está fazendo, mas podemos acreditar que ele está trabalhando. Confie em Deus. Essa esperança jamais decepcionará você. Ele vencerá.

> **Escreva um recadinho incentivando alguém a ter esperança em Deus.**
>
> *Espírito Santo, me ajuda a enfrentar as dificuldades com esperança no coração.*

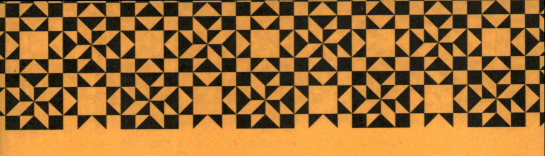

SHEYANN WEBB

17 de fevereiro de 1956—

"Se não podem votar, vocês não são livres; e, se não são livres, crianças, vocês são escravos." Aos 8 anos, Sheyann Webb se lembrou das palavras que ouviu na igreja. Ela tinha medo, mas segurar a mão de um professor e cantar lhe deu coragem para continuar andando.

"Não vou deixar ninguém me virar.
Vou continuar andando, continuar falando
Marchando para a terra da liberdade."

Sheyann marchou pelo direito ao voto com centenas de outras pessoas negras em Selma, Alabama, em março de 1965. Elas protestavam contra as leis e a violência que impediam os negros de votar. Foi um dia assustador que ficou conhecido como "Domingo Sangrento". A polícia atacou os manifestantes. Alguns foram presos. Sheyann foi empurrada, mas não se machucou nem foi presa.

Alguns meses antes da passeata, Sheyann tinha visto uma multidão entrando na igreja Brown Chapel AME. Pessoas negras e brancas subiam os degraus juntas! Sheyann nunca tinha visto isso no segregado estado do Alabama. Curiosa, ela entrou.

O grupo estava reunido para planejar eventos para que pessoas negras se inscrevessem para votar. Sheyann ouviu falar sobre o poder do voto. Ela ouviu o pregador Hosea Williams falar sobre como ser impedido de votar era como a escravidão. Sheyann se envolveu bastante empolgada. Ela participou de outras reuniões, muitas vezes liderando o grupo em canções de liberdade.

O dr. King fez amizade com Sheyann e brincava com ela. Ele a chamava de "menor defensora da liberdade." Quando já era adulta, Sheyann se lembrou de como ela e outras crianças marchavam. "Éramos apenas crianças comuns que queriam liberdade", disse ela.

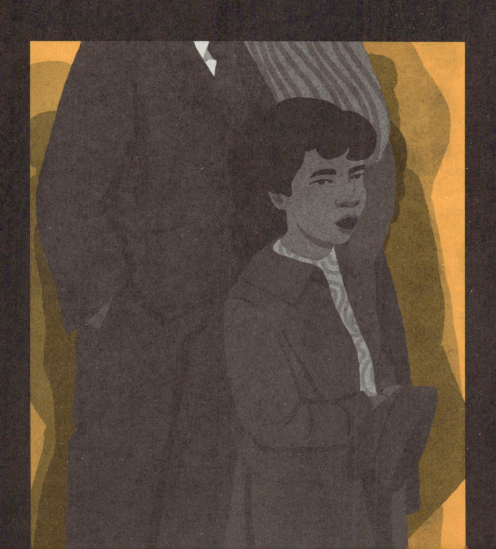

15 ESPERANÇA DURANTE AS DIFICULDADES

Não nos cansemos de fazer o bem, pois no tempo próprio colheremos se não desistirmos.
GÁLATAS 6:9

A morte deles nos diz que devemos trabalhar de maneira apaixonada e incansável em favor da realização do sonho americano.

A IGREJA ESTAVA AGITADA com o burburinho típico de uma manhã de domingo. Os membros da igreja usavam ternos e gravatas novinhos e belos chapéus grandes com vestidos em tons pastel. Os meninos imitavam a roupa dos pais, com camisas brancas e calças sociais escuras. As meninas usavam o cabelo em cachos que saltavam enquanto elas corriam com seus sapatos de couro envernizado para o subsolo pouco antes do culto. Os jovens se reuniram para se preparar e estavam animados para comemorar o Dia da Juventude. Eles seriam responsáveis pela oração, pelo louvor e pela pregação naquele dia.

A Igreja Batista da rua Dezesseis, em Birmingham, não era apenas um local de culto, mas também um local de planejamento de atividades sobre direitos civis. Os membros da igreja adoravam e depois saíam às ruas para marchar. Participavam de protestos e de outras ações não violentas. O pastor era apaixonado pelo combate à injustiça. A localização no centro da cidade era de fácil acesso, e logo se tornou um lugar de reunião dos defensores da liberdade.

A Igreja Batista da rua Dezesseis enfrentou muita resistência e diversas ameaças ao lutar por justiça em Birmingham. Depois veio o dia 15 de setembro de 1963. Os membros da igreja estavam na escola dominical antes do culto da manhã. Às 10h22, a igreja foi atingida por uma bomba. Quatro meninas (Addie Mae Collins, Cynthia Wesley e Carole Robertson, de 14 anos, e Denise McNair, de 11 anos) foram mortas durante a escola dominical e mais de vinte pessoas ficaram feridas.

Mas o bombardeio não fez a igreja parar. Chocadas com o ataque, pessoas de todo o mundo deram dinheiro para restaurar o templo. Os negros em Birmingham continuaram indo à igreja e organizando protestos, mesmo enquanto lamentavam a perda daquelas preciosas meninas. Os membros da Igreja Batista da rua Dezesseis não deixaram que o terrorismo os impedisse e continuaram servindo ao Deus da liberdade. Eles continuaram orando, confiando em Deus e comparecendo às reuniões.

Há dias em que é difícil manter as esperanças, mas não desista. Não fuja. Reúna-se com o povo de Deus e continue fazendo a obra dele.

Não deixe que as nuvens escuras diminuam sua luz.

Espírito Santo, me ajuda a continuar a obra mesmo quando coisas ruins acontecem.

16 NÃO SE REBAIXE

Não se deixem vencer pelo mal, mas vençam o mal com o bem.
ROMANOS 12:21

Que ninguém faça você se rebaixar a ponto de odiar essa pessoa.

CORETTA, ESPOSA DE MARTIN LUTHER KING JR., LIGOU para dar uma boa notícia: ele receberia o Prêmio Nobel da Paz de 1964! O dr. King ficou espantado. Ele sabia que havia sido indicado ao prêmio internacional, mas não pensou na possibilidade de vencer.

Em sua autobiografia, o dr. King escreveu que não ganhou o prêmio trabalhando sozinho. Ele agradeceu às milhares de pessoas envolvidas no movimento pelos direitos civis e escreveu: "Estes são os verdadeiros heróis da luta pela liberdade: são as pessoas nobres em nome das quais recebo o Prêmio Nobel da Paz."

O Prêmio Nobel da Paz é entregue para homenagear os pacificadores do mundo inteiro. O dr. King foi escolhido para o prêmio porque se dedicou a combater o ódio com o amor. Ele sempre lembrava às pessoas que o amor poderia levar à paz e as desafiou a evitarem agir como seus *haters*. Se agissem como eles, o ódio os derrotaria. O ódio os rebaixaria.

Para o dr. King e os combatentes da liberdade, o Prêmio Nobel confirmou que eles estavam fazendo a coisa certa e que continuar os protestos pacíficos, apesar de todo ódio e violência, fazia diferença no mundo inteiro. Eles foram espancados pela polícia e nas celas sujas da prisão. Sofreram o atentado à igreja que matou quatro meninas. Viram Medgar Evers ser morto a tiros por um membro da Ku Klux Klan. Sofreram os assassinatos de Andrew Goodman, James Chaney e Michael Schwerner, que estavam ajudando a organizar campanhas eleitorais no Mississippi durante o Verão da Liberdade, um esforço coordenado em todo o sul dos Estados Unidos em protesto pelo direito ao voto.

Eles passaram por isso e muito mais, mas ainda assim preferiram a não violência pacífica. Deus lhes deu uma capacidade sobrenatural de não retribuir ações de ódio com mais ódio. Eram luzes teimosas que brilhavam nas trevas.

Não podemos combater o ódio com mais ódio. Você não vai resolver problemas sendo mau com as pessoas que são más com você. No fim, será rebaixado e ficará como as pessoas que odeiam você. Não se torne aquilo que você combate. Lute contra o mal fazendo o bem.

Ame seus *haters*; não seja como eles.

Pai, por favor, me ajuda a derrotar o mal pelo poder de teu amor.

17 DERROTA TEMPORÁRIA

Por isso, não abandonem a confiança que vocês têm; ela será generosamente recompensada.
HEBREUS 10:35

Acredito que a verdade desarmada e o amor incondicional terão a palavra final, na verdade. É por isso que o que é certo, mesmo que seja derrotado temporariamente, é mais forte do que o mal triunfante.

MARTIN LUTHER KING JR. SEGURAVA O PESADO DISCO DE OURO. Ele esteve em Oslo, na Noruega, em dezembro de 1964 para receber a medalha do Prêmio Nobel da Paz por sua liderança em direitos civis.

Uma medalha pela paz. Mas ainda não existia paz nos Estados Unidos. Mesmo assim, muita coisa havia mudado. A Lei dos Direitos Civis finalmente foi aprovada naquele verão. A segregação foi proibida, e a discriminação de pessoas com base em sua religião, raça ou gênero passou a ser ilegal nos Estados Unidos. Foi um grande momento de vitória.

Mas, embora tivesse esperança de que a lei traria bons resultados, o dr. King também entendeu que mudar a lei era apenas um dos muitos passos para criar uma Comunidade Amada. Dez anos depois de Brown X Conselho de Educação, as escolas ainda eram segregadas. Os racistas que estavam irritados com as mudanças jurídicas estavam ficando ainda mais violentos. Muitos voluntários acabaram espancados e mortos no Verão da Liberdade.

Em meio a essas lutas contínuas, o dr. King aceitou o Prêmio Nobel da Paz como um símbolo de esperança. Ele acreditava que a resistência não violenta e o amor durariam mais que o mal. A confiança de

Martin Luther King Jr. em Deus permitiu que ele acreditasse em um resultado que, para muitos, não seria possível.

Para continuar passando por lutas e fazer uma diferença duradoura, precisamos confiar no Senhor e no que ele diz em sua Palavra. Confie que você está seguindo a luz de Deus quando se opõe ao que é errado. Lembre-se da recompensa da fé: ver a obra de Deus. A confiança no Senhor significa fé em ação.

Martin Luther King Jr. incentivou seus ouvintes a não se preocuparem com contratempos. Deus e o bem sempre vencem. Você sente que está retrocedendo na luta em favor do bem? Leia as promessas de Deus na Bíblia e peça para ele ajudar você a confiar nele. E não desista! No fim, o bem é sempre mais forte do que o mal.

Edifique sua confiança lembrando-se de tudo o que Deus fez na Bíblia e em sua vida.

Deus, me ajuda a confiar no Senhor quando eu passar por uma derrota.

18 ESTAMPAS E ESTRELAS

Sabemos que todas as coisas contribuem juntamente para o bem de todos aqueles que amam a Deus.
ROMANOS 8:28

Quando está bem escuro, podemos ver as estrelas.
(Citando o historiador Charles A. Beard)

HÁ UM QUADRO DA EX-PRIMEIRA-DAMA dos Estados Unidos, Michelle Obama, na National Portrait Gallery. A artista, Amy Sherald, colocou detalhes inteligentes na pintura. Ela sombreou a pele da primeira-dama em um tom cinza para levar o espectador a pensar sobre a cor da pele da senhora Obama. O vestido tem estampas geométricas: tiras retangulares em branco alternando com vermelho vivo, rosa e amarelo. Preto alternando com cinza.

As estampas são parecidas com os padrões tradicionais das colchas de retalhos feitas no estado do Alabama. As costureiras pegam pedaços de pano que seriam jogados fora e os transformam em cobertores úteis que também são lindas obras de arte. A colchas são tesouros feitos de sobras. As estampas que Amy Sherald colocou no vestido de Michelle Obama homenageiam as muitas mulheres negras que acharam saída onde não havia saída, levando amor e calor para suas famílias.

Fazer colchas é um ofício importante na história dos negros na América do Norte. Durante a escravidão, os proprietários muitas vezes não supriam as necessidades básicas, então as mulheres escravizadas reuniam restos descartados para fazer colchas e manter as famílias aquecidas, e essas mulheres passaram o ofício de fazer colchas às gerações seguintes.

Uma região conhecida por colchas é Gee's Bend, no Alabama. As mulheres negras de Gee's Bend continuaram fazendo colchas muito depois de a escravidão ter siso abolida nos Estados Unidos, em 1865. Na época do movimento pelos direitos civis, o talento delas era muito admirado. Martin Luther King Jr. visitou Gee's Bend para pregar na Igreja Batista de Pleasant Grove em 1965, onde conheceu algumas das costureiras e viu o belo trabalho delas. Ele as incentivou a se envolverem na luta pelos direitos civis. Elas participaram de passeatas pelo direito ao voto e outras ações não violentas no Alabama.

Então, em 1966, algumas das costureiras de Gee's Bend criaram a Freedom Quilting Bee com vizinhas de Rehoboth, Alabama.

A Freedom Quilting Bee ajudava mulheres pobres a ganhar dinheiro para sustentar as famílias. Algumas costureiras conseguiram até mandar os filhos para a faculdade com o dinheiro que ganharam fazendo colchas!

As colchas são um exemplo de criatividade que surgiu nos tempos sombrios que as pessoas negras enfrentaram. Isso nos lembra que Deus sempre traz beleza em meio aos problemas (cf. Isaías 61:3).

Mude de ideia sobre tempos sombrios. Você não precisa gostar, mas pode escolher ser positivo quando eles vierem. Confie que o Senhor fará o bem. Você também pode ser a estrela na vida de um amigo quando ele estiver nas trevas. Traga a luz da esperança em Deus.

As estrelas aparecem apenas no escuro. Se não olhar para cima, você não as verá. Não deixe de ver a obra de Deus em sua vida. Olhe para cima para vê-la brilhar.

Olhe para cima quando estiver se sentindo para baixo.

Deus, te agradeço por estar por perto nos dias sombrios.

19 A MUDANÇA ESTÁ CHEGANDO

Quanto a vocês, sejam fortes e não desanimem, porque as suas obras serão recompensadas.
2CRÔNICAS 15:7

Voltem para o Mississippi, voltem para o Alabama, voltem para a Carolina do Sul, voltem para a Geórgia; voltem para a Louisiana, voltem para as favelas e guetos das cidades do norte, sabendo que, de alguma forma, esta situação pode mudar e vai mudar. Não vamos chafurdar no vale do desespero.

A MARCHA SOBRE WASHINGTON É FAMOSA pelo discurso "Eu tenho um sonho", de Martin Luther King Jr., mas a marcha em si já era um sonho do político negro A. Philip Randolph muito antes. Randolph teve a ideia de uma marcha por empregos em 1941, quando os negros não recebiam as mesmas oportunidades de emprego que os brancos na indústria e no governo, durante a Segunda Guerra Mundial. Randolph tentou trabalhar com o governo federal em favor da igualdade de oportunidades de trabalho, mas nada mudou.

Apesar disso, ele não desistiu. Anos depois, Randolph, King e outros líderes do movimento dos direitos civis trabalharam juntos para organizar a Marcha pelo Emprego e pela Liberdade.

O dr. King sabia que os manifestantes sairiam do evento em Washington, D.C., muito animados, mas também sabia que enfrentariam a dura realidade da vida quando voltassem para casa. Muitos dos manifestantes ainda viviam em cidades segregadas. Ainda viviam com medo da violência, principalmente no sul dos Estados Unidos.

Ainda viviam na pobreza e precisavam manter a esperança de um futuro diferente quando chegassem em casa.

O público de Martin Luther King Jr. vinha de diferentes lugares do país, mas todos enfrentavam a mesma oposição à igualdade de direitos. O dr. King se dirigia a eles como uma comunidade, ao mesmo tempo que falava diretamente sobre seus diferentes desafios. Ele falava às pessoas que moravam nas cidades segregadas dos estados do sul. Ele falava às pessoas de regiões pobres dos estados do norte. E também falava às pessoas que lhe assistiam na televisão. O incentivo era o mesmo para todos: "Não vamos chafurdar no vale do desespero."

A mudança geralmente leva muitas pessoas a se manifestarem por dias ou anos. E não há problema em se sentir triste porque as coisas erradas não mudam logo, mas continue acreditando em direitos iguais para todos. Incentive os amigos que são deixados de fora e ajude todos a encontrarem seu lugar. E não perca a esperança. Lembre-se de como a vida das pessoas negras melhorou durante os anos do movimento pelos direitos civis. Depois, pense no bem que você está fazendo agora. Você realmente está fazendo a diferença! Tenha fé no sonho de mudar o mundo. Espere na promessa de Deus de que sua boa obra será recompensada.

Mantenha sua esperança nas promessas de Deus.

Senhor, por favor, me ajuda quando eu me sentir desanimado ou triste.

ROBERT AVERY

8 de agosto de 1948—

"Mãe, estamos nos preparando para ir a Washington. Preciso de uma muda de roupa e do dinheiro que a senhora tiver", anunciou Robert.

A mãe dele deixou! Aos 15 anos, Robert e dois amigos saíram de Gadsden, no Alabama, com dez dólares e um cartaz que dizia "Para Washington ou o fracasso." Eles estavam indo para a Marcha sobre Washington de 1963, dependendo dos próprios pés e de caronas de estranhos.

Os jovens percorreram quase 700 quilômetros, a pé ou pedindo carona, de Gadsden a Washington, D.C. Não era um caminho seguro. Em 1960, um manifestante dos direitos civis foi assassinado a apenas 7 quilômetros da casa de Robert. William Moore foi baleado pela Ku Klux Klan, mas ninguém foi preso por sua morte.

Os meninos dividiam os lanchinhos que compravam e dormiam em rodoviárias. Às vezes, caminhavam até 30 quilômetros até conseguir uma carona. Muitas pessoas diferentes lhes deram carona. Alguns motoristas eram negros, mas muitos eram brancos, incluindo um motorista de ônibus que os deixou viajar de graça.

Robert e os amigos chegaram a Washington, D.C., uma semana antes da marcha. Eles ajudaram os organizadores, fizeram cartazes de protesto e chegaram a conhecer Martin Luther King Jr. Os pais de Robert conseguiram entrar em contato com o dr. King e pediram a ele que procurasse os meninos. O dr. King os encontrou enquanto faziam trabalho voluntário e disse: "Acabei de chegar de sua cidade natal, e seus pais querem que eu veja como vocês estão."

Robert Avery jamais esqueceu o tempo em que saiu de casa para marchar pela liberdade e conheceu Martin Luther King Jr. Depois de adulto, ele atuou em sua cidade natal, Gadsden, como ativista e membro do Conselho Municipal de Gadsden por seis mandatos.

20 UM AMANHÃ MELHOR

O lobo viverá com o cordeiro, o leopardo se deitará com o bode, o bezerro, o leão e o novilho gordo pastarão juntos, e uma criança os guiará.
ISAÍAS 11:6

Acredito que, mesmo em meio aos tiros de morteiro e aos zunidos de balas, ainda há esperança de um amanhã melhor.

IR PARA A GUERRA CONTRA OUTRA NAÇÃO não é como brigar entre irmãos. A guerra é uma série de batalhas que podem durar anos. Milhares de pessoas morrem em guerras. Prédios, pontes, florestas e casas são destruídos. Os animais também são mortos. As famílias são separadas.

As pessoas muitas vezes ignoram guerras em outros países porque sua pátria está em paz. Martin Luther King Jr. desencorajava esse tipo de pensamento. Ele queria que as pessoas se preocupassem com outras nações. No discurso de aceitação do Prêmio Nobel da Paz, o dr. King explicou que a guerra fazia mais mal do que bem. Ele acreditava que os milhões de dólares gastos na guerra poderiam ser usados para ajudar a combater a pobreza, a fome e outros problemas.

A Guerra do Vietnã foi uma guerra civil no país do Vietnã. Começou em 1954 e logo envolveu outros seis países. Os Estados Unidos entraram na guerra para ajudar seu aliado, o Vietnã do Sul. O dr. King protestou contra a Guerra do Vietnã porque acreditava que o governo de seu próprio país deveria ter escolhido a pacificação em vez de lutar e deveria ter usado o dinheiro gasto na guerra para ajudar os pobres do país.

Ele realizou marchas contra a guerra, falou sobre os danos que a guerra causava e incentivou o fim da guerra para sempre.

A visão do dr. King sobre a guerra não era muito bem aceita. As pessoas achavam que ele não estava sendo patriota. Ele respeitava a opinião delas, mas ainda acreditava que a guerra criava mais problemas do que soluções. Mas, percebendo que um mundo sem guerras é um grande sonho, ele incentivava a esperança de "um amanhã melhor" diante da guerra.

Isaías 11:6 também retrata um futuro melhor. Isaías, um profeta de Israel, compartilhou a mensagem de Deus sobre o reino de Jesus Cristo. Ele imaginou um tempo em que até os predadores deixariam de caçar suas presas naturais. Somente Deus pode criar um mundo onde os leões não ataquem cordeiros.

Hoje, há guerras espalhadas pelo mundo. Talvez você sinta que não pode fazer nada para ajudar, mas lembre-se da esperança do dr. King e de Isaías. Ore pela paz. Ore para que vidas sejam poupadas. E ore sobre como ajudar a fazer do amanhã um dia melhor, um dia sem violência.

É verdade que nada se compara à dureza da guerra, mas a vida pode ser cheia de tantos conflitos que parece que você está lutando contra familiares, amigos ou colegas de escola. A única forma de acabar com a luta é seguir um caminho diferente daqueles que revidam. Seja um pacificador todos os dias.

Tenha esperança, ore e tome uma atitude por um futuro melhor.

Senhor, por favor, traz a tua paz para a minha vida e para o mundo.

21 ESPERANÇA ATRASADA

A esperança que se retarda deixa o coração doente, mas o anseio satisfeito é árvore de vida.
PROVÉRBIOS 13:12

O motim é a linguagem dos que não são ouvidos.

JÁ SENTIU RAIVA QUANDO ALGUÉM TRATOU VOCÊ COM INJUSTIÇA? Já sentiu que ninguém entende você? Já extravasou sua raiva gritando, batendo os pés ou jogando coisas? Há um tipo de raiva que ferve quando a esperança das pessoas é destruída várias e várias vezes. Vemos esse tipo de raiva em motins, quando um grupo de pessoas destrói propriedades e fere outras em um lugar público.

Os Estados Unidos haviam presenciado dois motins recentemente quando Martin Luther King Jr. decidiu falar sobre eles. Houve um motim no Harlem, em Nova York, depois que a polícia matou um garoto de 15 anos. Os manifestantes jogaram tijolos para quebrar vitrines de lojas e roubar mercadorias. Estabelecimentos foram fechados e alguns negócios tiveram de ser fechados para sempre. O outro motim ocorreu em Watts, na Califórnia, após um conflito entre um policial branco e um homem negro. Nos dias seguintes, moradores furiosos incendiaram carros e prédios e impediram que os bombeiros entrassem no bairro para apagar as chamas.

As pessoas que se revoltaram sentiam raiva por estarem presas em bairros em que os proprietários dos imóveis não se importavam com aquecimento, saneamento básico ou eletricidade confiável. Sentiam raiva por serem incomodadas pela polícia enquanto dirigiam ou simplesmente andavam pela rua. Sentiam raiva pelo que pareciam ser dois sistemas de lei: um violento para pessoas negras e outro mais perdoador para pessoas brancas.

Esse tipo de desamparo e fúria está no centro de um motim, que é uma resposta do grupo à mágoa. O dr. King tentou explicar que motins não são atos aleatórios, mas sim uma reação à falta de esperança. Ele disse: "Enquanto os Estados Unidos adiarem a justiça, estaremos na posição de ter essas recorrências de violência e motins muitas e muitas vezes."

A escravização, o policiamento tendencioso e a segregação sufocaram os talentos e sonhos dos negros por centenas de anos. Era difícil escapar da pobreza, da falta de acesso à educação e das escolhas limitadas. Então, suas esperanças aumentaram com decisões judiciais para a integração, como Brown X Conselho de Educação e novas leis, como a Lei dos Direitos Civis de 1964 e a Lei dos Direitos de Voto de 1965. Mas os governos estaduais e municipais demoraram a aceitar essas mudanças. Algumas pessoas negras responderam com raiva destrutiva às promessas não cumpridas.

Quando você vê pessoas agindo com raiva, descubra por que elas estão furiosas. Que promessas e esperanças foram destruídas? Você pode não ser capaz de melhorar a situação delas, mas pode dar esperança mantendo uma promessa de bondade.

Defenda a paz prestando atenção àqueles que sofrem.

Espírito Santo, me ajuda a ver as promessas não cumpridas por trás da raiva e me mostra como ajudar.

22 UMA PEDRA DE ESPERANÇA

Em verdade lhes digo que, se alguém disser a este monte: "Levante-se e atire-se no mar", e não duvidar no seu coração, mas crer que acontecerá o que diz, assim lhe será feito.
MARCOS 11:23

Com esta fé seremos capazes de encontrar uma pedra de esperança da montanha do desespero.

PARA MUITAS PESSOAS, MARTIN LUTHER KING JR. É UM HERÓI, mas ele não tinha superpoderes. Sua força vinha da fé! A fé em Deus o ajudou a passar por dias difíceis e o fez acreditar na esperança mesmo diante de uma montanha de lutas. A fé também pode ajudar você.

O dr. King aprendeu sobre fé quando era criança. Ele era filho de pastor e ouviu muitas pregações na juventude. Ele aprendeu que a fé em Deus mantém viva a esperança. Quando se tornou pregador e palestrante, muitas vezes falava sobre fé e esperança.

O dr. King enfrentava lutas como todo mundo, mas ele acreditava que a vida poderia melhorar! Hoje, as mensagens de esperança dele podem ser vistas no Martin Luther King Jr. Memorial, em Washington, D.C., que homenageia sua vida e suas realizações com esculturas.

O memorial contém muitas frases dele esculpidas em pedra. Uma citação esculpida em uma parte da escultura do dr. King descreve uma "pedra da esperança." Essas palavras fazem parte do famoso discurso "Eu tenho um sonho." Ele fez o discurso não muito longe de onde o memorial está hoje.

O local também tem uma área com uma montanha de pedra chamada Montanha do Desespero. A Pedra da Esperança fica em frente e parece que foi cortada do meio da montanha. A escultura de 9 metros mostra o dr. King emergindo da rocha. Representa o poder da esperança de romper o desespero. O escultor Lei Yixin criou a escultura com base em centenas de fotos do dr. King.

Jesus disse que uma grande fé é como ter o poder de mover montanhas. Há montanhas de momentos difíceis, medos ou tristezas em sua vida? Concentre-se em algo que ajude você a confiar em Deus no meio disso. Lembre-se de uma vez em que Deus ajudou você no passado. Aprenda alguns nomes usados para se referir a Deus na Bíblia, como *Jeová-Jiré* (o Senhor proverá) e *Jeová-Rafá* (o Senhor, meu Pastor). Ou faça um cartaz com base na passagem bíblica de hoje.

Não importa o quanto as coisas estejam ruins em sua vida, lembre-se de esperar em Deus. Ele é capaz de encontrar o que é bom em uma situação ruim.

Procure esperança nas dificuldades.

Senhor, me ajuda a ser uma pedra de esperança para meus amigos e minha família.

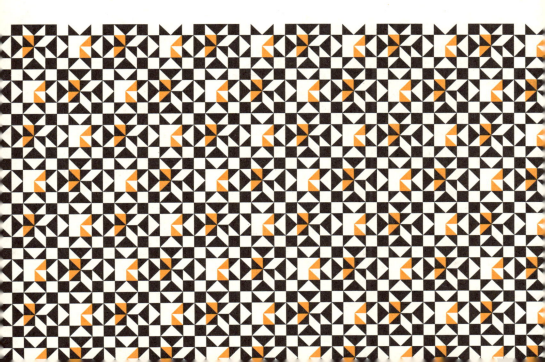

PARTE 4 PERDÃO E RECONCILIAÇÃO

23 UM CORAÇÃO TRANSFORMADO

 Pois ele é a nossa paz, o qual de ambos [judeus e não judeus] fez um e destruiu a barreira, o muro de inimizade.
EFÉSIOS 2:14

 O amor é a única força capaz de transformar um inimigo em amigo.

SOB O CÉU ESCURO de uma manhã de dezembro, Martin Luther King Jr. embarcou em um ônibus em Montgomery, no Alabama, e tomou um assento na janela na parte da frente. Um pastor branco do Texas que era seu amigo se sentou ao lado dele. Já estava na hora de esse dia acontecer. O dr. King e alguns outros líderes dos direitos civis estavam andando em um ônibus integrado pela primeira vez!

Os cidadãos negros de Montgomery vinham boicotando os ônibus por causa da segregação. Eles passaram mais de um ano sem andar de ônibus, até serem autorizados a viajar ao lado de passageiros brancos.

Por fim, o Supremo Tribunal dos Estados Unidos decidiu que ônibus segregados eram ilegais não apenas em Montgomery, mas em todo o país. O boicote deu certo! O dr. King e seus amigos andaram vitoriosos no primeiro ônibus naquela manhã. O muro invisível que mantinha pessoas negras na parte de trás do ônibus foi destruído. Mas uma coisa eram as leis; outra coisa era o coração das pessoas.

Em um encontro de celebração, o dr. King vibrou ao lado do povo, porém também alertou que não seria fácil voltar aos ônibus. Muitas pessoas brancas não gostaram da mudança e poderiam tentar machucar ou ser grosseiras com as pessoas negras que quisessem se sentar em algum lugar dos ônibus. No entanto, o dr. King esperava que esse não fosse o único resultado possível e pediu que as pessoas negras reagissem com dignidade, autocontrole e amor. "Buscamos uma integração baseada no respeito mútuo [...]. Agora precisamos passar do protesto à reconciliação."

Reconciliar-se significa fazer as pazes com alguém e reatar um relacionamento quebrado. O dr. King queria que pessoas negras e brancas abrissem espaço para a possibilidade de uma conversa amigável e de gentileza nos ônibus recém-integrados. Ele pediu que as pessoas abrissem espaço para a mudança de coração.

É preciso ter coragem para abrir o coração depois que alguém nos machuca. É um ato sobrenatural. O amor do Senhor também é sobrenatural. O amor que você pode demonstrar com o poder de Deus é ilimitado e capaz de transformar inimigos em amigos. Você tem inimigos? Abra seu coração para a ideia de ser amigo deles. Peça ajuda a Deus para amá-los.

Responda aos inimigos com autocontrole e amor.

Espírito Santo, peço que suavize o coração das pessoas enquanto demonstro amor a quem me magoou.

24 DECIDA AMAR

Não maltrata, não procura os próprios interesses, não se ira, não guarda rancor.
1CORÍNTIOS 13:5

Eu decidi amar [...]. Se você está buscando o bem maior, acho que poderá encontrá-lo por meio do amor.

MARTIN LUTHER KING JR. AMAVA AS PESSOAS que bombardearam a casa dele.

Sim, você leu certo. O dr. King *amava* as pessoas que aterrorizaram ele e sua família e os forçaram a correr noite adentro para escapar do fogo.

De quem você realmente não gosta? Já imaginou *amar* essa pessoa? Até pensar nisso pode ser difícil. Mas, para o dr. King, amar as pessoas que lhe fizeram mal tinha duas consequências: primeiro, o amor o marcava como seguidor de Jesus. Segundo, o amor mantinha a esperança dele no futuro.

O dr. King aproveitou muitas oportunidades para falar sobre a conexão entre amor e resistência não violenta. Ele pregava e falava para ajudar as pessoas a entenderem o ensinamento de Jesus Cristo sobre amar os inimigos e acreditava que o amor é a melhor estratégia para combater o racismo e a violência.

Em um sermão, o dr. King falou sobre três tipos diferentes de amor. A princípio, comparou dois tipos, o amor romântico e o amor entre amigos. Depois, falou sobre o amor *ágape*. Esse amor "é o amor de Deus agindo no coração humano", disse o dr. King ao público. O amor *ágape* de Deus é poderoso porque convida as pessoas violentas a parar e a mudar. O amor *ágape* convida as pessoas a reagirem com bondade. Esse amor cria esperança de mudança e esperança no futuro.

O dr. King admitiu que era impossível *gostar* das pessoas que bombardearam sua casa. Contudo, ele escolheu amá-las porque recebeu o poder de amar de Jesus.

E você? Alguém está tratando você com ódio? Nesse caso, abra seu coração para o amor de Deus. Deixe que ele mostre como tratar as pessoas com amor, até quem você não gosta! Você saberá que está conseguindo quando ajudar alguém com um trabalho de escola, mesmo que não goste dessa pessoa. Demonstrará amor *ágape* ao falar com gentileza com quem é grosseiro com você. E saberá que está agindo no amor de Deus quando não pensar duas vezes quando colocarem você para trabalhar no mesmo grupo de alguém que o considera inimigo.

Todo mundo tem inimigos. Não importa o quanto você seja legal, alguém simplesmente não vai gostar de você. Ou talvez você desgoste tanto de alguém a ponto de considerá-lo um inimigo. Lembre-se: Deus não pede que você goste dessas pessoas. Ele nos chama para amá-las.

Demonstre amor *ágape* a todas as pessoas.

Senhor, por favor, me ajuda a amar mesmo quando não gosto de alguém.

25 REFRESQUE

Acaso podem brotar da mesma fonte água doce e água amarga?
TIAGO 3:11

Não vamos tentar saciar nossa sede de liberdade bebendo do cálice da amargura e do ódio.

VOCÊ PODE SE CONCENTRAR NA FERIDA ou pode se concentrar no espirro.

Depois de ser atacado, Matin Luther King Jr. optou por se concentrar em um espirro, não na ferida.

Um dia, em 1958, o dr. King se sentou a uma mesinha no saguão de uma loja de departamentos de Nova York. Ele estava lá como autor, cercado por exemplares de seu primeiro livro, *Stride Toward Freedom* [Avanço rumo à liberdade]. Uma longa fila de admiradores esperava para falar com ele. A mão dele deve ter doído depois de assinar tantos livros! Uma mulher perguntou se ele era Martin Luther King Jr. e, claro, ele respondeu que sim. De repente, Izola Curry o esfaqueou. Ela tinha deficiência mental e achava que o dr. King era perigoso. Ele foi levado às pressas ao hospital Harlem, onde retiraram a lâmina cuidadosamente após horas de cirurgia.

Anos mais tarde, o dr. King contou o quanto a lâmina chegou perto de seu coração: "Se eu espirrasse, teria morrido." Ele tinha uma escolha: ou se concentraria na ferida dolorosa e na pessoa que o feriu, bebendo uma dose de amargura todos os dias, ou mudaria o foco para o milagre de não espirrar e, em vez disso, refrescar-se com a gratidão.

O dr. King disse: "Se eu tivesse espirrado, não teria a chance, em agosto daquele ano, de tentar contar aos Estados Unidos sobre um sonho que tive. Se eu tivesse espirrado, não teria ido a Selma, no Alabama, para ver o grande movimento lá. Se eu tivesse espirrado, não estaria em Memphis para ver uma comunidade se mobilizar em torno daqueles irmãos e irmãs em sofrimento." Ele poderia ter deixado o ataque, as agressões e ameaças mudarem sua mensagem para vingança e amargura, mas o dr. King decidiu se concentrar no dom de proteção de Deus e no bem que isso causou. Pelo resto da vida, Martin Luther King Jr. sempre falou e agiu com amor.

A Bíblia ensina que nossas palavras têm poder: podem edificar ou derrubar. Podemos falar palavras que parecem água fresca para uma pessoa sedenta por motivação e bondade, ou podemos falar palavras amargas, que são como água salgada, impróprias para beber. As palavras e reações de quem segue a Deus trazem vida.

Coisas ruins acontecerão conosco e com as pessoas importantes para nós. Isso pode ser doloroso, mas sempre temos uma escolha: vamos deixar que as coisas ruins encham nossas palavras e ações de amargura e raiva ou vamos derramar amor e gratidão em tempos difíceis?

Concentre-se nas bênçãos, não nos problemas.

Espírito Santo, por favor, traz justiça para as pessoas do mundo inteiro que foram maltratadas.

26 SEM VINGANÇA

Não paguem mal com mal, nem insulto com insulto; ao contrário, bendigam, pois vocês sabem que para isso foram chamados e, assim, receberão bênção por herança.
1PEDRO 3:9

Quem trabalha contra a comunidade está trabalhando contra toda a criação [...] Eu só conseguirei fechar a brecha na comunidade quebrada se retribuir o ódio com amor.

O DR. KING UMA VEZ ESCREVEU SOBRE algumas das coisas horríveis que aconteceram com ele. "Tive pouquíssimos dias tranquilos nos últimos anos. Fui preso cinco vezes em cadeias do Alabama. Minha casa foi bombardeada duas vezes. Raramente passa um dia em que eu e minha família não sejamos alvo de ameaças de morte. Fui vítima de uma facada quase fatal."

Seria perfeitamente natural que o dr. King buscasse vingança, mas ele se recusou a fazer justiça com as próprias mãos e ferir os outros. Pagar o sofrimento com mais sofrimento não fazia parte da Comunidade Amada que ele tanto queria criar. O dr. King estava disposto a absorver a dor do sofrimento para preservar a esperança da comunidade no futuro. Ele acreditava na justiça de Deus e acreditava que o Senhor estava no comando de seu bem-estar assim como no bem-estar de seus inimigos.

No livro de Levítico, no Antigo Testamento, está escrito: "fratura por fratura, olho por olho, dente por dente. Como feriu o outro, assim será ferido" (Levítico 24:20). As pessoas deveriam pagar pelos danos que causaram. A lei foi criada para fazer as pessoas pensarem duas vezes antes de serem violentas com os outros. Jesus cumpriu essa lei pagando por nossos erros com sua própria vida.

Ao ensinar, Jesus surpreendeu o povo por estar mais preocupado com a reconciliação do que com a punição dos transgressores. Jesus chamou seus seguidores a uma lei superior de perdão. Como cristãos, fomos perdoados, então devemos perdoar em vez de buscar vingança.

Os cristãos costumam dizer: "É Deus quem luta por mim." Isso não significa que Deus sempre prejudicará nossos inimigos, mas ele sempre faz justiça. Ele pode garantir que pessoas sejam presas por fazer o que é errado. Ele pode fazer que paguem por destruir suas coisas. Às vezes, Deus até transforma o coração das pessoas para que possam ver o que fizeram de errado. Ele as incentiva a mudar. Elas podem até pedir desculpas a você ou encontrar outras formas de corrigir uma situação.

Não faça mal para se vingar de ninguém. Não intimide por ter sofrido *bullying*. Traga luz, não vingança. O dr. King disse: "Toda hora é hora de fazer o que é certo."

Faça o que é certo, mesmo quando for prejudicado.

Deus, me dá coragem e autocontrole para fazer o certo até quando eu for prejudicado.

JOHN LEWIS

21 de fevereiro de 1940– 17 de julho de 2020

John Lewis olhou ao longe para os policiais que os esperavam com pistolas penduradas na cintura, bombas de gás lacrimogêneo e cassetetes em punho. John estava liderando 600 defensores da liberdade pela ponte Edmund Pettus em Selma, no Alabama, que marchavam pelo direito ao voto.

John se tornou um líder dos direitos civis enquanto estava na faculdade em Nashville, no estado do Tennessee. O motivo de sua primeira prisão foi estar sentado a um balcão de lanchonete em Nashville. Como estudante universitário, John virou presidente do Comitê Coordenador Estudantil Não Violento (SNCC) e amigo de Martin Luther King Jr. Ao voltar para casa, no Alabama, continuou protestando contra leis injustas.

O plano naquele dia era marchar mais de 50 quilômetros de Selma até a capital do estado, Montgomery. A marcha havia acabado de começar, em 7 de março de 1965, quando os soldados pararam os manifestantes e os mandaram voltar. Em vez disso, John levou o grupo para a frente, e os soldados atacaram. Eles espancaram manifestantes e lançaram gás lacrimogêneo. Um soldado atingiu John e fraturou o crânio dele. Outros três manifestantes morreram. Quando as emissoras de notícias norte-americanas exibiram as cenas em rede nacional, chamaram de Domingo Sangrento.

À medida que as imagens da violência manchavam as telas de televisão e as páginas dos jornais, a indignação aumentava em todo o país. O direito de voto para pessoas negras tornou-se uma prioridade no congresso, e a Lei do Direito ao Voto foi aprovada no mesmo ano.

John Lewis continuou a luta pelo direito ao voto e justiça como membro do congresso por trinta e cinco anos. Ele via a luta por justiça como um objetivo de vida. "A liberdade é a ação contínua que todos devemos tomar", escreveu em seu livro de memórias. "E cada geração deve fazer a sua parte."

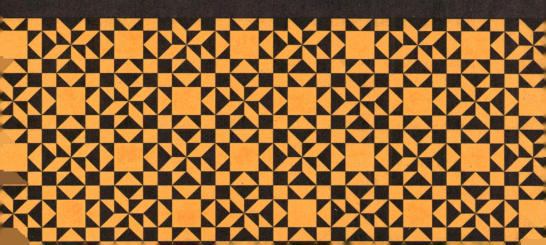

27 UMA ATITUDE DE PERDÃO

Jesus disse: — Pai, perdoa-lhes, pois não sabem o que fazem. [...]
LUCAS 23:34

O perdão não é um ato ocasional; é uma atitude permanente.

"SEGREGAÇÃO AGORA, SEGREGAÇÃO AMANHÃ, SEGREGAÇÃO PARA SEMPRE!", o governador George Wallace gritava ao microfone. O político estava determinado a continuar o racismo enquanto estivesse no comando do Alabama. Wallace era um terror para os negros e para qualquer apoiador do movimento pelos direitos civis, e ele gostava disso, pois permitia que os racistas fossem violentos. Policiais do Alabama espancavam e pisoteavam pessoas negras com cavalos. Membros da Klan queimavam cruzes no gramado da casa dos negros. Wallace enviou tropas estaduais para jogar gás e agredir manifestantes pacíficos em Selma, no terrível evento chamado Domingo Sangrento. Wallace lutou com todo o seu poder como governador para impedir a justiça para os negros.

Anos depois, George Wallace foi baleado várias vezes. Ele sobreviveu, mas ficou paralítico. Shirley Chisolm, a primeira mulher negra a concorrer à presidência, o visitou no hospital. Essa bondade imerecida despertou algo nele. George começou a pedir desculpas publicamente pela violência que causou. "Eu me posicionei, com a maioria de brancos, pela separação das escolas. Mas foi um erro e jamais voltará a acontecer."

Algumas pessoas ignoraram as desculpas de Wallace porque ele havia causado muita dor, mas John Lewis, vítima do Domingo Sangrento, aceitou as desculpas. "Pelo arrependimento genuíno e pelo perdão, a alma de nossa nação é redimida", escreveu John. Quando George Wallace concorreu novamente ao governo do Alabama em 1982, os eleitores negros o elegeram. O perdão veio nas próprias urnas que um dia Wallace proibiu aos negros.

Não é fácil pedir ou oferecer perdão, mas é o caminho de Jesus. Ele chega a dizer que seus seguidores devem primeiro pedir perdão a quem prejudicaram antes de adorarem (cf. Mateus 5:23-24).

Amar a Deus requer disposição para seguir o exemplo dele. Deus perdoa nossos pecados, perdoa nossos erros e nos perdoa várias vezes. Jesus chegou a pedir ao Pai que perdoasse os soldados que o pregaram na cruz (cf. Lucas 23:34).

O perdão é ouvido e visto. O dr. King chamou o perdão de "atitude permanente", um modo de vida. Somente Deus pode ajudar você a perdoar para sempre dessa maneira! O dr. King era um homem de Deus e contava com o Espírito Santo para ajudá-lo a perdoar completamente. Se você segue a Deus, o Espírito Santo também ajudará você.

Tenha uma atitude de perdão como a de Jesus.

Espírito Santo, me ajuda a ter um coração pronto a perdoar e a pedir perdão.

28 COMO GANHAR UM AMIGO

— Bem-aventurados os pacificadores, pois serão chamados filhos de Deus.
MATEUS 5:9

A não violência não busca humilhar e derrotar o opressor, mas sim conquistar sua amizade e sua compreensão.

AOS 10 ANOS, O GAROTINHO NEGRO DARYL DAVIS sofreu *bullying* de um grupo de pessoas brancas. Elas atiraram pedras e garrafas contra ele. Ele não conseguia entender por que o tratavam daquela forma terrível sem o conhecer.

A pergunta "Como você pode me odiar se não me conhece?" ficou na cabeça de Daryl enquanto ele crescia. Ele se tornou músico e às vezes tocava em lugares onde supremacistas brancos ficavam. Um dia, Daryl conversou com um deles. O homem falou muitos estereótipos sobre pessoas negras. Daryl apenas ouviu pacientemente no início, depois fez perguntas. O homem começou a duvidar das coisas em que acreditava. Algo sobre a maneira como Daryl escutava o fez pensar se o que ele acreditava era verdade. Nos vinte anos seguintes, esse homem e pelo menos duzentos outros supremacistas brancos se afastaram do racismo e fizeram amizade com Daryl. Ele tem uma coleção de roupas da Ku Klux Klan que seus amigos lhe deram quando saíram do grupo de ódio.

Daryl Davis, assim como Martin Luther King Jr., acredita em manter a porta aberta para os opressores entrarem na luz do amor. O dr. King acreditava que os inimigos poderiam ser reconciliados (reconectados por meio do perdão) com as pessoas que um dia magoaram. Essa ideia está no centro da resistência não violenta: chamar a atenção para a maldade dos sistemas sem humilhar nem condenar os malfeitores.

É muito difícil ter esperança na mudança e na reconciliação quando somos magoados. É preciso ter paciência e sensibilidade. É preciso ter a força que apenas Deus pode nos dar para continuarmos abertos e amorosos com nossos opressores. Não é à toa que Jesus chamou os pacificadores de bem-aventurados. A reconciliação é um lindo milagre.

Faça as pazes com alguém hoje.

Senhor, me ajuda a não ter medo de rejeição ao estender as mãos para fazer as pazes com alguém.

PARTE 5 COMPAIXÃO

29 UMA COMUNIDADE DE AMOR

 Garantam justiça para os fracos e para os órfãos; mantenham o direito dos necessitados e dos oprimidos.
SALMOS 82:3

 Eu tenho a audácia de acreditar que os povos de todos os lugares podem ter três refeições por dia para o corpo, educação e cultura para a mente, e dignidade, igualdade e liberdade para o espírito.

RICOS E POBRES, BRANCOS E NEGROS, todos sentem fome. Infelizmente, nem todos têm o mesmo acesso a dinheiro ou alimentos. Em 1967, havia muita fome nos Estados Unidos. No sul, quase metade das pessoas era considerada pobre. Além disso, as pessoas negras tinham a metade das chances de encontrar emprego do que as pessoas brancas. A fome afetava norte-americanos de todas as origens. Martin Luther King Jr. queria fazer algo a respeito.

Ele se reuniu com outros líderes da Conferência da Liderança Cristã do Sul (SCLC). Eles discutiriam como fazer o governo ouvir a voz de pessoas pobres de todas as raças e culturas (judeus, mexicanos, porto-riquenhos, negros e brancos) que clamavam por emprego e moradia. Os líderes chegaram a uma solução que chamaram de Campanha dos Pobres. Eles marchariam sobre Washington, D.C., para chamar a atenção dos políticos, e construiriam a Cidade da Ressurreição, com tendas e barracas em frente aos prédios do governo.

"Nossa ideia era dramatizar todo o problema econômico dos pobres", escreveu o dr. King em sua autobiografia.

Quando a SCLC se reuniu, em novembro de 1967, os líderes planejaram a campanha como uma série de protestos não violentos. O último evento seria uma marcha em Washington, D.C., no verão seguinte. Infelizmente, o dr. King foi assassinado meses antes, mas a marcha aconteceu mesmo assim. Em 19 de junho de 1968, milhares de pessoas de todo o país se reuniram na capital dos Estados Unidos. Mais de 3 mil pessoas acamparam na Cidade da Ressurreição por mais de um mês. A Campanha dos Pobres chamou a atenção para a questão da pobreza. Depois, foram lançados mil programas de alimentação para combater a fome nas regiões mais carentes do país. O congresso concordou em gastar 243 milhões de dólares para alimentar crianças famintas em programas de merenda escolar.

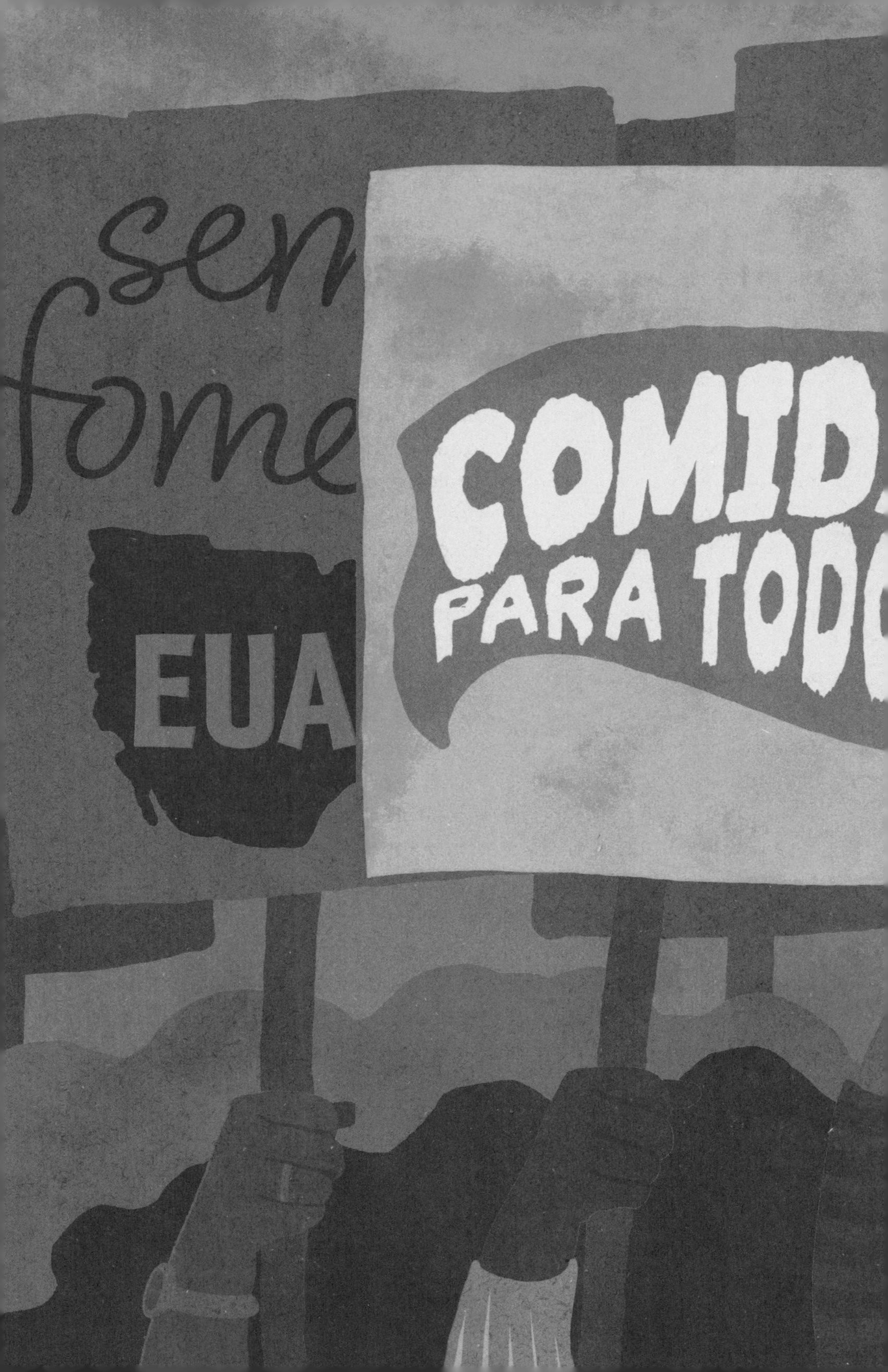
sem
fome
EUA
COMID
PARA TOD

O dr. King falou contra a pobreza porque proteger os pobres é algo bom e justo. Ao longo da Bíblia, Deus manda seu povo cuidar dos vulneráveis. Cuidar dos pobres é a marca de uma comunidade que ama a Deus.

Hoje, uma em cada dez famílias vive na pobreza. Que tal deixar Deus usar você para suprir as necessidades deles? Organize uma campanha de doação de alimentos ou de roupas para os necessitados. Seja voluntário em uma campanha de arrecadação. Ajude organizações que servem ceias natalinas. Use sua mesada para comprar um presente de aniversário para uma criança órfã. Coloque as palavras da Bíblia em prática ao defender os pobres e ajudar os que sofrem.

Use seu tempo e dinheiro para ajudar os necessitados.

Senhor, me mostra formas de ajudar os mais pobres.

30 VOCÊ TEM ESCOLHA

Depois, o Senhor disse a Moisés: — Vá ao faraó e diga-lhe que assim diz o Senhor, o Deus dos hebreus: "Deixe o meu povo ir para prestar-me culto".
ÊXODO 9:1

Os oprimidos não podem continuar oprimidos para sempre.

ÀS VEZES LEMOS HISTÓRIAS que parecem tão distantes de nosso modo de viver que é difícil imaginá-las. Ao ler na Bíblia sobre Moisés e o povo de Israel escravizado no Egito, você sente a dor nas costas que eles sentiam após dias intermináveis juntando palha e fazendo tijolos? Sente a terra cobrindo seus dedos? Consegue sentir seu coração clamando para Deus resgatar você? É preciso haver esse tipo de conexão para entender por que as pessoas arriscam tudo pela liberdade.

Da mesma forma, para entender o risco que os ativistas dos direitos civis sofriam, é preciso entender as terríveis condições em que os negros viviam. Martin Luther King Jr. descreveu a vida no Alabama em seu livro, *Why We Can't Wait* [Por que não podemos esperar]:

> Você encontraria uma atmosfera geral de violência e brutalidade em Birmingham. Racistas locais intimidavam, assediavam e até matavam negros. Entre o ano de 1957 e janeiro de 1963, [...] houve dezessete bombardeios não solucionados a igrejas de negros e casas de líderes dos direitos civis.

O movimento pelos direitos civis era necessário por causa do tratamento injusto que os negros recebiam. Ainda é necessário se envolver porque os problemas ainda existem. A boa notícia é que as coisas melhoraram em diversos aspectos. O progresso veio porque pessoas corajosas enfrentaram sistemas racistas, assim como Moisés enfrentou o faraó.

O trabalho de Martin Luther King Jr. como líder dos direitos civis se baseava na crença de que as coisas melhorariam. A fé em Deus lhe deu esperança. O dr. King acreditava nas histórias bíblicas sobre oprimidos que foram libertos por Deus. Ele tinha certeza de que Deus também ajudaria as pessoas negras. A fidelidade de Deus no passado ajudou o dr. King a ver um futuro que ainda não existia.

Você tem escolha. Você pode prestar atenção aos oprimidos e ficar do lado deles, como Moisés e o dr. King. Ou pode ignorar a dor da opressão, como o faraó e muitas pessoas brancas do Alabama fizeram. Mas entenda que Deus promete liberdade para seu povo. Estar do lado de Deus é estar ao lado dos oprimidos por um futuro de liberdade. Você consegue ver esse futuro?

Faça amizade com uma criança desabrigada ou que acabou de se mudar.

Senhor, se alguém está sofrendo e eu puder ajudar, por favor, me mostra como.

31 FORÇAS PARA AMAR

— Qual destes três você acha que foi o próximo do homem que caiu nas mãos dos assaltantes?
— Aquele que teve misericórdia dele — respondeu o perito na lei. [...]
LUCAS 10:36-37

A primeira pergunta que o sacerdote e o levita fizeram foi: "Se eu parar para ajudar este homem, o que me acontecerá?" Mas... o bom samaritano inverteu a pergunta: "Se eu não parar para ajudar este homem, o que lhe acontecerá?"

A MÃE DE JAMES ZWERG IMPLOROU: "Não vá. Não vá. Você não pode fazer isso com o seu pai."

James orou e leu a Bíblia depois de conversar com seu amigo sobre fazer parte dos Viajantes da Liberdade, um grupo de pessoas negras e brancas que andavam juntas em ônibus pelo sul quando isso ainda era ilegal. O homem branco de 21 anos se sentiu obrigado a participar porque sabia que o transporte segregado era errado, mas seus pais temiam por sua segurança. Os pais de James não concordavam com isso porque era arriscado. Mesmo sem o apoio dos pais, James encontrou forças para entrar no ônibus como um ato de amor e justiça para seus vizinhos negros.

O dr. King sabia desse tipo especial de força; ele a chamava de "força para amar". A força para amar é a capacidade de ter uma mente forte e um coração sensível. Uma mente forte é capaz de observar algo (notícias, livros, lugares, conversas, shows) e perceber o que é verdadeiro e o que é falso. Um coração sensível mostra compaixão ao fazer algo em relação às situações ruins.

Um dia Jesus contou uma parábola sobre o bom samaritano. Um homem estava caído à beira da estrada, ferido e precisando de ajuda. Três pessoas o viram na estrada. Um sacerdote e um levita o ignoraram. Contudo, um homem samaritano, um povo que os judeus odiavam, usou sua mente forte e seu coração sensível. Ele tratou dos ferimentos do viajante, deu-lhe uma carona em seu jumento, pagou por sua estadia em uma pousada e negociou para que o hoteleiro cuidasse do homem.

O dr. King queria incentivar as pessoas a desenvolverem a mesma força para amar que o samaritano da história de Jesus tinha. Ele queria que os brancos vissem seus vizinhos negros oprimidos pela injustiça, se preocupassem em fazer o certo e se comovessem a agir. James Zwerg fez isso muito bem. Gritaram com ele e o agrediram por cuidar de seus vizinhos negros, mas as ações dele ajudaram a acabar com a segregação.

Assim como a força física, a nossa força para amar é desenvolvida quando a exercitamos. Os bons vizinhos constroem a força para amar vendo, cuidando e se comovendo a agir.

Desenvolva força para amar praticando atos de bondade.

Jesus, me orienta a ser uma pessoa capaz de ver, cuidar e agir.

CHARLES BONNER

7 de abril de 1946—

O jovem Charles Bonner não entendia as regras da vida no Alabama. "Eu não conseguia entender por que as crianças brancas tinham os melhores ônibus escolares, tinham livros melhores do que os nossos [...]. Íamos para uma escola pequena nos fundos da minha igreja; a escola só tinha uma sala com uma lareira de ferro." Por que as pessoas negras eram tratadas dessa forma?

Então, aos 16 anos, Charles conheceu alguém que lhe deu as ferramentas para lutar pela mudança. Charles e um amigo tiveram problemas no carro em Selma. Enquanto tentavam empurrar o carro, um homem de camisa amarela e gravata chegou para ajudar. Bernard Lafayette era líder do Comitê Coordenador Estudantil Não Violento (SNCC) e os convidou a integrar o grupo. O reverendo Lafayette conversou com eles sobre se registrar para votar.

Charles sabia que o voto tinha o poder de mudar e queria que os negros do Alabama tivessem esse poder. Ele contou aos colegas sobre a campanha eleitoral do SNCC e, em menos de uma semana, reuniu 39 alunos para ajudar. Nos dois anos seguintes do Ensino Médio, ele continuou envolvido. Ele marchou. Conversou com adultos sobre se registrar para votar. Conversou com outros alunos sobre participar do SNCC. Charles queria garantir que todas as pessoas negras em idade de votar tivessem voz para mudar o presente e o futuro.

Charles começou a faculdade na Selma University, mas a escola pediu que ele saísse por causa de sua luta pela liberdade. Ele se mudou para São Francisco, na Califórnia, e se formou em direito. É advogado há mais de quarenta anos e ainda luta pelos direitos civis por meio da lei.

32 VALE A PENA ARRISCAR

— Ninguém tem maior amor do que aquele que dá a própria vida pelos seus amigos.
JOÃO 15:13

O verdadeiro próximo é o homem que arriscará seu emprego, seu prestígio e até mesmo sua vida pelo bem-estar dos outros.

BRUCE KLUNDER TINHA UMA PAIXÃO de viver para Deus. Aos 18 anos, ouviu falar sobre o boicote aos ônibus em Montgomery, no Alabama, e quis ajudar. Então, arrecadou dinheiro e enviou aos boicotadores.

Depois da faculdade, Bruce morou em Cleveland, em Ohio, onde trabalhou para uma organização cristã. Ele queria que todos entendessem que os negros do sul estavam com a vida em risco e vissem a importância de ajudar, então levou os jovens para o sul para ver a segregação com os próprios olhos. Mas o racismo não acontecia apenas no sul. Em Ohio, escolas e moradias eram segregadas. Bruce protestava regularmente contra a injustiça em seu estado natal.

Em 1964, Bruce decidiu protestar no canteiro de obras de uma nova escola que seria segregada. Ele se deitou atrás de uma escavadeira, enquanto outros manifestantes se deitaram em frente a ela. Infelizmente, o veículo o atropelou e o matou.

Valeu a pena arriscar? E como ficou a família de Bruce, seus filhos pequenos? Eles entenderiam por que o pai deu a vida por uma causa? A esposa de Bruce disse: "Oro para que, quando as crianças crescerem, a morte de seu pai tenha sido redimida e elas possam ver o efeito do que sua morte causou na consciência de pelo menos algumas pessoas."

A senhora Klunder e os filhos devem ter sentido muita falta de Bruce, mas o sacrifício dele não foi em vão. Ele influenciou outros brancos de Ohio a se envolverem na luta pela liberdade. A segregação nas escolas de Cleveland finalmente terminou em 1979.

Ter compaixão significa cuidar das necessidades de outra pessoa. Jesus queria que seus seguidores entendessem que cuidar dos outros é importante para Deus. Ele serviu de modelo para isso enquanto curava, alimentava e conversava com o povo. Ele foi o grande modelo com sua morte na cruz. Seguir Jesus significa estar disposto a sacrificar a vida para defender os outros, não importa o que nos custe: amigos, tempo, dinheiro ou até mais.

O dr. King pregou, marchou, organizou e sofreu para que negros pudessem conquistar direitos como cidadãos. Ele incentivava as pessoas a se arriscarem a ajudar os outros também. Acreditava que pessoas compassivas são pessoas envolvidas, que não olham de longe quando alguém está sofrendo. Foi por isso que Jesus viveu e morreu. Segundo Deus, sempre vale a pena se arriscar para ajudar as pessoas.

Esteja disposto a abrir mão do que você quer para ajudar os outros.

Senhor, me ajuda a ter a coragem de me envolver e ajudar os outros, não importa o risco.

33 O SILÊNCIO MACHUCA

"Erga a voz em favor dos que não podem defender-se; seja o defensor de todos os desamparados."
PROVÉRBIOS 31:8

No final, lembraremos não das palavras de nossos inimigos, mas do silêncio de nossos amigos.

A MAIORIA DAS FOTOS de Thurgood Marshall parecem bem sérias. Ele quase sempre está olhando para o nada, de sobrancelhas franzidas, usando um terno escuro ou uma toga preta. Mas, quando Thurgood era menino, ele adorava brincar, e suas brincadeiras o levaram a fazer faculdade de direito!

Um dia, o jovem Thurgood fez uma brincadeira e foi pego pelo diretor da escola. Sua punição foi ler a Constituição dos Estados Unidos. A partir daí, o garoto ficou fascinado pela lei e passou a respeitá-la. Então, decidiu ser advogado.

Thurgood Marshall trabalhou como advogado representando pessoas negras em casos de direitos civis no tribunal. Às vezes, os negros eram acusados injustamente de cometer crimes ou eram presos por infringir as leis Jim Crow. Por exemplo, a polícia prendia pessoas negras por infringirem as leis de trânsito porque queria punir quem não estava pegando o ônibus durante um boicote. Marshall representou os acusados no tribunal como advogado de defesa. Também foi conselheiro de Martin Luther King Jr. durante o boicote aos ônibus de Montgomery, oferecendo assessoria jurídica para que ativistas e boicotadores não fossem levados ao tribunal.

Thurgood Marshall é mais famoso pelo caso Brown X Conselho de Educação. Como advogado de famílias negras, ele argumentou contra leis que forçavam crianças negras e brancas a irem para escolas diferentes. Por causa das escolas desiguais, as crianças negras tinham uma educação inferior. O tribunal concordou e decidiu que escolas segregadas não eram legais. O caso mudou a igualdade educacional nos Estados Unidos. Marshall foi juiz federal e, em 1967, se tornou o primeiro juiz negro do Supremo Tribunal. Ele trabalhou na mais alta corte dos Estados Unidos por vinte e cinco anos.

O dr. King e o juiz Marshall não concordavam em relação à desobediência civil. O dr. King acreditava na desobediência a leis injustas. O juiz Marshall acreditava no combate à injustiça por meio do sistema jurídico. No entanto, o juiz Marshall trabalhou com o dr. King mesmo assim e defendia pessoas que praticavam desobediência civil. Ele não ficou calado. E as diferentes visões dos líderes não os impediam de trabalhar juntos.

Seja um amigo que luta pelos outros. Use sua voz na fala, na escrita, na arte ou simplesmente com sua presença em um evento de protesto. Defenda quem foi injustiçado. Apenas não se cale.

Use a sua voz para ajudar aqueles que precisam se defender.

Espírito Santo, por favor, me ajuda a encontrar o caminho certo para expressar a necessidade de justiça.

PARTE 6 CORAGEM

34 PODER PARA MUDAR

Ninguém o despreze pelo fato de você ser jovem, mas seja um exemplo para os fiéis na palavra, no procedimento, no amor, na fé e na pureza.
1TIMÓTEO 4:12

Como resultado da luta disciplinada, não violenta, mas corajosa, eles conseguiram realizar maravilhas no sul [dos Estados Unidos] e em nossa nação.

OS JOVENS TÊM O PODER de gerar mudança. Você reconhece que as coisas boas das quais desfrutamos hoje são possíveis, em parte, porque crianças e adolescentes lutaram pelos direitos delas no passado? Ao contrário dos jovens norte-americanos dos anos 1950, você pode ir ao cinema com um amigo de outra raça. Você pode comer com quem quiser em seu restaurante favorito. E qualquer criança pode se matricular na escola do bairro. Sim, você está desfrutando dos benefícios da "luta disciplinada, não violenta, mas corajosa" de pessoas do passado que buscaram mudança.

Crianças de todas as idades participaram do movimento pelos direitos civis. Algumas tinham apenas 5 anos, mas todas tinham idade suficiente para dar exemplos a serem seguidos. Elas marcharam em cidades por todo o país, participaram de protestos e de reuniões de planejamento, fizeram cartazes, cantaram em coros e seguiram os ensinamentos de Martin Luther King Jr. sobre resistência não violenta. Essas crianças impressionaram o dr. King, e ele comemorou o fato de que as ações delas ajudaram a mudar o cotidiano dos negros nos Estados Unidos.

Nem todos os adultos viam a participação das crianças da mesma forma que o dr. King. Muitos achavam que as crianças deveriam ser quietas e obedientes. Alguns achavam que elas deveriam ficar de fora das coisas de adultos. Outros tinham medo de que se machucassem. Alguns achavam que as crianças eram muito jovens para entender o que estavam fazendo. No entanto, muitas delas preferiram usar a voz para defender o que sabiam que era certo e agir com a esperança, a paz e o amor que queriam ver no futuro. Elas queriam brilhar a luz de Deus durante os tempos sombrios.

Na Bíblia, Timóteo foi um jovem que pastoreava outros cristãos. Seu mentor, o apóstolo Paulo, escreveu 1Timóteo para motivar o amigo. Paulo sabia que os cristãos usariam a idade de Timóteo como desculpa para não ouvir o que ele dizia. O apóstolo o incentivou a ser um grande exemplo de que a idade não atrapalharia o trabalho que Deus queria que Timóteo fizesse.

Deus deu dons para você ajudar os outros. Então, não deixe ninguém menosprezar você por causa da idade. Ore sobre seu envolvimento na escola, na igreja ou na comunidade. Peça a Deus que ajude você a fazer um bom trabalho. Diga que quer ter coragem e se esforçar.

Com a ajuda de Deus, você pode fazer maravilhas.

Deus, me ajuda a ser um bom exemplo hoje e no futuro.

35 DEFENDA A VERDADE

O Senhor, porém, me disse: — Não diga que é muito jovem. A todos a quem eu o enviar, você irá e dirá tudo o que eu ordenar a você. Não tenha medo deles, pois eu estou com você para protegê-lo — declara o Senhor.
JEREMIAS 1:7-8

Era como se eu pudesse escutar uma voz interior me assegurando: "Defenda a justiça, defenda a verdade. Deus estará ao seu lado para sempre."

MARTIN LUTHER KING JR. BATEU O TELEFONE para desligá-lo. O coração trovejava em seu peito. A pessoa que ligou tinha acabado de ameaçar a vida dele com uma voz distorcida e irritada. O dr. King já havia recebido ameaças de morte antes, e na maioria das vezes se sentia tranquilo, apesar de tudo. Mas dessa vez foi diferente. Ele estava muito, muito cansado com o trabalho e ficou incomodado com a ligação. Pensou em largar o ativismo para viver tranquilamente com a família.

Quando as palavras do interlocutor soaram em seus ouvidos, o dr. King se inclinou sobre a mesa da cozinha e orou: "Estou com medo. Não tenho mais nada." Então sentiu a paz de Deus, e seu coração desacelerou porque ele ouviu Deus lhe dizer para não desistir. Ele sabia que Deus estava ao seu lado. Naquele momento, o dr. King se encheu de força e energia, pronto para continuar a luta.

Três dias depois, alguém bombardeou a casa dele. Ainda assim, o dr. King continuou tranquilo. Mais tarde, ele escreveu sobre a noite da ligação ameaçadora e sua conversa com o Senhor: "Minha experiência com Deus renovou minha força e confiança."

Com o poder de Deus, o dr. King continuou firme diante de tanto ódio e violência. Houve outros atentados: a casa do irmão dele, a casa de amigos dele, as igrejas onde pregava, o hotel onde estava hospedado. Atiraram na janela da frente da casa dele. Seus inimigos também contaram mentiras e distorceram o significado de suas mensagens. Diziam que ele não amava os Estados Unidos. Diziam que ele odiava pessoas brancas. Em meio a tudo isso, o dr. King continuou dizendo a verdade sobre os males do racismo.

Muitas vezes, defender a verdade não é fácil nem bem aceito, mas é a coisa certa a fazer. Ao dizer a verdade, você segue o exemplo de Deus. O Senhor é o Deus da verdade. E, se você não tem certeza do que é verdade, comece pela Palavra de Deus. Veja o que a Bíblia diz

e depois ore, pesquise sobre o tema ou pergunte a um adulto. Saiba o que é verdade e defenda-a. Confie que Deus estará ao seu lado, não importa o que aconteça.

Confie em Deus e siga a verdade.

Deus, agradeço por estar ao meu lado enquanto defendo a verdade.

36 A ARMA MAIS PODEROSA

Portanto, submetam-se a Deus. Resistam ao Diabo, e ele fugirá de vocês.
TIAGO 4:7

A verdadeira resistência não violenta não é a submissão irreal ao poder maligno, e sim o enfrentamento corajoso do mal pelo poder do amor.

A IGREJA NEGRA TEM SIDO uma central de fé e resistência para pessoas negras desde que os africanos foram levados para os Estados Unidos. Infelizmente, a igreja negra foi formada em parte pelo ódio branco, pois os cristãos brancos não queriam que os cristãos negros se sentassem nos mesmos bancos e adorassem ao lado deles. Por isso, os negros formaram suas próprias igrejas.

A igreja negra interferiu quando o governo e a sociedade ignoraram as necessidades de pessoas negras. Os membros trabalhavam juntos para sustentar uns aos outros. Homens e mulheres tinham oportunidades de liderança. As crianças eram amadas e valorizadas. E as igrejas se tornaram lugares seguros para planejar a resistência não violenta e reunir voluntários.

Uma das igrejas negras ativas no movimento pelos direitos civis foi a Igreja Batista Betel em Birmingham, no Alabama. Na década de 1950, Fred Shuttlesworth era o pastor daquela congregação. Ele e os membros se dedicavam a adorar a Deus com oração, louvores, leitura da Bíblia, serviço à comunidade e oposição à injustiça. A igreja arrecadou dinheiro para pagar a fiança de ativistas presos. Ela alimentava e abrigava defensores da liberdade. Era um centro de planejamento de protestos. O reverendo Shuttlesworth e os membros da igreja também ajudaram a iniciar um grupo de cristãos em Birmingham que planejou a resistência para combater a segregação. As pessoas da igreja protestaram por direito ao voto, escolha da escola e integração. A igreja também era um centro durante as Viagens da Liberdade de 1961, quando negros e brancos desobedeceram às leis de segregação e andaram de ônibus juntos pelo sul.

Como resultado, a igreja Betel foi alvo de racistas furiosos. O reverendo Shuttlesworth recebeu ameaças de morte. A igreja foi bombardeada três vezes. Mas essas ações malignas não os impediram! O povo de Betel insistiu porque acreditava que Deus estava ao lado deles e confiava no trabalho que estavam fazendo.

A Bíblia nos ensina a não apenas evitar o mal, mas a resistir ativamente a ele. A Palavra de Deus nos manda resistir ao Diabo! O dr. King acreditava que a resistência não violenta era uma forma essencial de repelir o mal. Ele lembrou as pessoas de que não temos de ceder ao mal. O amor é a arma invisível da resistência não violenta.

O amor é mais poderoso que o mal. Deus pode lhe dar seu poder para resistir ao ódio e à violência. Deus também pode cercar você de outras pessoas que estão se posicionando contra o mal. Você não precisa fazer isso sozinho!

Resista ao mal. Lute contra ele.

*Senhor, me ajuda a resistir
ao mal todos os dias.*

37 NÃO SE DEIXE LEVAR

— Eu disse isso para que em mim vocês tenham paz. Neste mundo, vocês terão aflições; contudo, tenham coragem! Eu venci o mundo.
JOÃO 16:33

A resistência não violenta não é um método para covardes.

REFRIGERANTE GRUDENTO ESCORRIA pelo rosto dos jovens. Comida pegajosa escorregava por suas roupas. Cuspe preso nos cabelos. Os adolescentes ficaram parados como estátuas enquanto esperavam por atendimento, mas ninguém os atendeu.

Protestos não violentos foram usados durante o movimento pelos direitos civis. Joseph McNeil e três amigos de faculdade organizaram uma das primeiras manifestações no balcão da lanchonete da loja de departamentos Woolworth's em Greensboro, na Carolina do Norte. Eles foram inspirados pela estratégia não violenta que Martin Luther King Jr. usou no boicote aos ônibus de Montgomery. Eles decidiram resistir à regra da loja que ditava que pessoas negras não poderiam comer em restaurantes com as brancas.

No dia 1º de fevereiro de 1960, Joseph e seus amigos se sentaram e pediram comida. O atendente recusou. Eles foram embora, mas voltaram no dia seguinte com mais amigos. Eles ficaram sentados no balcão até a hora de fechar, mesmo depois que outros clientes jogaram comida neles. Não importava o que as pessoas dissessem ou fizessem, Joseph e seus amigos não revidavam. A história se espalhou nos jornais e no rádio. Centenas de outros jovens apareceram na loja para protestar. Igrejas se envolveram, além de empresários e outras pessoas. Em 25 de julho de 1960, a loja Woolworth's de Greensboro finalmente permitiu que pessoas negras comessem no balcão da lanchonete. Outras lojas da Woolworth's logo fizeram o mesmo.

Também houve esse tipo de protesto em outras cidades. Muitos jovens seguiram o exemplo de Joseph McNeil e de seus amigos. À medida que as manifestações e outros tipos de protesto se espalhavam, alunos aprendiam sobre a não violência. Aprendiam a protestar pacificamente e a não revidar. Como o dr. King lembrou, a resistência não violenta não é covardia, pois é preciso ter coragem e força.

Contudo, nem todos entendem a não violência. Outras crianças podem dizer que você é fraco por não se envolver brigas ou revidar.

Podem pensar que você é bobão quando tenta resolver problemas com calma e paz. Mas não se esqueça de que não precisa ter medo, porque Deus promete estar com você. Ao se levantar (ou se sentar) pelo que é certo, sem violência, você demonstra coragem.

> **Não se deixe levar. Combata a injustiça com coragem e calma.**
>
> *Senhor, me ajuda a defender o que é certo, não importa o que aconteça.*

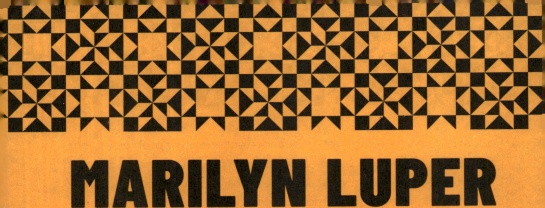

MARILYN LUPER
17 de setembro de 1947—

"O que podemos fazer agora?", alguém perguntou.

Marilyn jogou a mão para o alto durante a reunião do conselho juvenil da Associação Nacional para o Progresso das Pessoas de Cor (NAACP). "Vamos para o centro da cidade para sentar e ficar lá até podermos tomar uma Coca-Cola", disse ela.

Os estudantes votaram, e a moção foi aprovada. Com apenas 10 anos de idade, Marilyn começou a famosa manifestação na farmácia Katz, em Oklahoma City, em 1958.

A mãe de Marilyn, Clara Luper, ajudava a liderar o conselho juvenil da NAACP, onde ensinou sobre a desobediência civil não violenta. Ela escreveu uma peça sobre Martin Luther King Jr. No início de 1958, os membros do conselho viajaram para apresentar a peça em Nova York.

Antes da viagem, Marilyn e as outras crianças nunca haviam saído do estado segregado de Oklahoma. Quando chegaram a Nova York, podiam usar qualquer banheiro, comer em restaurantes e provar as roupas nas lojas ao lado dos clientes brancos.

Voltaram para casa determinados a fazer uma mudança. Treze crianças, com idades entre 7 e 15 anos, sentaram-se no balcão da Katz durante três dias. Clientes brancos gritavam e cuspiam nelas. Finalmente, no terceiro dia, receberam sua Coca-Cola. No final do ano, a drogaria Katz encerrou o serviço segregado em todas as 38 lojas.

Marilyn e seus amigos foram os primeiros defensores da liberdade de negros a se sentarem em um balcão de lanchonete em qualquer lugar do país. O exemplo deles abriu caminho para que outros ativistas fizessem o mesmo.

38 COMECE A SE MEXER!

O Senhor, então, disse a Moisés: — Por que você está clamando a mim? Diga aos israelitas que sigam avante.
ÊXODO 14:15

A coragem é uma resolução interior para avançar, mesmo com os obstáculos e as situações assustadoras.

O ROSTO SUPLICANTE DE FANNIE LOU HAMER foi visto na TV ao vivo. "Isso é a América?", ela perguntou enquanto contava sua história. Ela havia sido demitida por tentar se registrar para votar. O marido e a filha foram presos e perderam o emprego. A polícia entrou na casa dela sem mandado judicial. A companhia de águas cobrou US$ 9 mil, mesmo ela não tendo água encanada em sua casa humilde. Fannie Lou não conseguia emprego porque ninguém a contratava.

Fannie Lou estava na televisão como membro do Partido Democrático da Liberdade do Mississippi (MFDP). Os membros do MFDP participaram da Convenção Nacional dos Democratas de 1964 para tentar convencer o Partido Democrata a colocá-los como os verdadeiros representantes do Mississippi. Os democratas regulares apoiavam a segregação, e Fannie Lou e os outros membros do MFDP queriam ser representados na legislação do estado.

Quando chegou a sua vez de falar, Fannie Lou contou que foi tão espancada em uma prisão do Mississippi que não conseguia sentir os braços. Tudo isso aconteceu apenas porque ela queria votar. "Isto é a América? A terra dos livres e o lar dos valentes?", perguntou.

O presidente Lyndon Johnson deu uma entrevista coletiva para que a emissora de televisão parasse de transmitir o discurso dela ao vivo. Mas as palavras de Fannie Lou foram tão poderosas que muitas emissoras exibiram o discurso dela no horário do noticiário naquela noite, levando sua mensagem a um público ainda maior.

Fannie Lou ganhou a compaixão de muitos ouvintes naquele dia. Apesar de ter sofrido muito, ela continuou se movendo em direção à justiça. Em todas as suas ações, Fannie Lou era conhecida como uma voz poderosa e uma presença tranquila. Ela cantou *spirituals* para reunir forças e incentivar aqueles que lutavam ao seu lado com as mensagens das canções sobre o poder e a esperança de Deus.

Como vemos na história de Fannie Lou, as pessoas negras daquela época estavam presas atrás de um muro de injustiça. No livro bíblico do Êxodo, o povo de Israel também estava preso. Eles tinham acabado de escapar da escravidão no Egito, mas, em sua jornada para a liberdade, se depararam com a imensidão do Mar Vermelho. Com o exército do Egito os perseguindo e quilômetros de água bloqueando seu caminho, ficaram apavorados e clamaram a Deus pedindo socorro.

Deus respondeu: "Comecem a andar!" E ele dividiu o Mar Vermelho para abrir caminho para eles.

Você se sente preso e com medo? Parece impossível continuar em movimento? Ore pedindo coragem. Peça a Deus sabedoria para saber onde pisar.

Dê um passo de coragem ao enfrentar uma tarefa difícil.

Deus, me ajuda a invocar o Senhor quando eu sentir medo. Que eu continue indo em direção à justiça.

39 FIQUE DESCONFORTÁVEL

Estejam vigilantes, mantenham-se firmes na fé, sejam corajosos, sejam fortes.
1CORÍNTIOS 16:13

A medida máxima de um homem não é o seu posicionamento em momentos de conforto e conveniência, mas o seu posicionamento em momentos de dificuldade e controvérsia.

DEPOIS DE PASSAREM SEIS DIAS presos por protestarem pelo direito ao voto, Ruby Sales, Joyce Bailey, Richard Morrisroe e Jonathan Daniels foram soltos. Eles eram um grupo que você não via junto no Alabama na década de 1960: duas adolescentes negras e dois padres brancos.

Todos eles precisavam achar o caminho para casa, mas tinham de matar a sede primeiro. Enquanto iam até uma loja comprar refrigerante, Jonathan e Richard caminharam na frente das meninas. Eles esperavam que o dono branco da loja os tratasse com grosseria. Eles tinham motivo para sentir medo.

Jonathan Daniels não era do Alabama. Ele nasceu em New Hampshire e estava em Massachusetts estudando para ser padre quando ouviu Martin Luther King Jr. falar. O dr. King pediu que mais líderes da igreja se unissem à luta pelos direitos civis. Jonathan queria se tornar um sacerdote episcopal para servir a Deus e servir às pessoas, então decidiu abandonar sua vida confortável e ir para o sul dos Estados Unidos para apoiar o registro eleitoral no Alabama.

Quando o grupo se aproximou da loja, um delegado voluntário os impediu e apontou seu fuzil para Ruby Sales. Pouco antes do disparo, Jonathan foi para a frente dela. A explosão foi tão forte que

Jonathan e Richard foram atingidos. Jonathan morreu. O delegado voluntário não foi preso.

O dr. King falou sobre Jonathan: "Um dos atos cristãos mais heroicos de que ouvi falar em todo o meu ministério foi realizado por Jonathan Daniels." O dr. King também havia experimentado as dificuldades e os perigos da resistência não violenta. Vivia com a consciência de que qualquer dia poderia ser atacado, e às vezes isso acontecia. Martin Luther King Jr. e Jonathan Daniels seguiram o exemplo de Jesus, que escolheu o caminho do amor e foi maltratado e morto por causa disso.

O dr. King acreditava que nosso verdadeiro caráter pode ser visto durante momentos desconfortáveis. Ao enfrentar o ódio, Jonathan provou ser altruísta, corajoso e atencioso.

Seu caráter será testado à medida que você se envolver na defesa do que é certo. A maioria de nós não enfrentará a morte, mas sofrerá rejeição e desconforto quando lutarmos pelo bem.

Peça a Deus por poder para continuar fiel em situações desconfortáveis. Ele vai ajudar você a ter coragem e a ser forte ao defender alguém que está sendo alvo de piadas ou ao impedir um aluno de fazer uma brincadeira com um professor. Peça a ele que ajude você a ser um apoiador forte e fiel *todos* os dias.

Sinta-se confortável com o desconforto.

Espírito Santo, por favor, me dá forças em situações desconfortáveis.

PARTE 7 EM BUSCA DA JUSTIÇA

40 ARMA SECRETA

As armas com as quais lutamos não são deste mundo, mas poderosas em Deus para destruir fortalezas.
2CORÍNTIOS 10:4

Não basta dizer: "Não devemos fazer guerra." É preciso amar a paz e se sacrificar por ela.

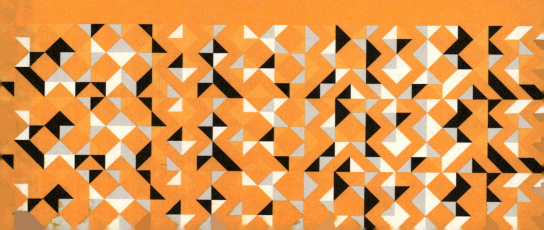

SENTADA À SOMBRA DE UMA ÁRVORE, SEPTIMA CLARK APONTOU PARA O LIVRO e disse ao motorista de ônibus: "De novo. Leia de novo."

O homem pronunciou as palavras lentamente e com atenção. Mesmo sendo adulto, ele ainda não tinha aprendido a ler, mas Septima estava prestes a mudar essa situação.

O motorista e muitos outros estudantes procuraram a ajuda de Septima para aprender a ler e passar em uma prova obrigatória para pessoas negras se registrarem para votar. Os juízes eleitorais brancos dificultaram o teste porque não queriam que os negros passassem. A missão de Septima Clark passou a ser prepará-los para a prova, além de assinar cheques e ler contratos, contas e cobranças de impostos. Ao realizar essas tarefas, ela libertava negros de depender de outras pessoas para serem tratados de maneira justa, o que muitas vezes não acontecia.

Septima dedicou a vida à educação. Ela foi demitida do trabalho de professora depois de quarenta anos porque era membro da NAACP. Aos 60 anos, iniciou uma rede de Escolas da Cidadania. Em resposta à guerra dos segregacionistas para se manterem no poder, lutou com as armas da educação e da capacitação. Martin Luther King Jr. chamou Septima de "Mãe do movimento" porque seu ensino preparou pessoas negras para se apoderarem da liberdade que mereciam. Com as Escolas de Cidadania de Septima, pessoas negras tinham as ferramentas para se registrar para votar e o conhecimento para usar esse voto com sabedoria. O ensino dela preparou os jovens para um bom desempenho em escolas integradas. Os livros, jornais e outros recursos que os alunos aprenderam a ler abriram outros mundos para eles e os conectaram a uma comunidade maior de pessoas que estavam reivindicando direitos. Septima criou um tipo diferente de soldado, que revidava com conhecimento.

A Bíblia fala das armas de Deus. Não são armas que causam danos físicos, mas ferramentas que destroem as mentiras e o ódio. A arma que

Septima Clark escolheu se parecia muito com as que Jesus usava. Jesus usou histórias, as Escrituras e conhecimento para alcançar as pessoas, além do autossacrifício. Ele evitou qualquer tipo de violência.

Os seguidores de Jesus não lutam como o mundo luta. Você pode fazer parte da destruição da oposição a Deus e à justiça compartilhando verdades sobre o amor de Deus e o valor das pessoas, ajudando outras pessoas a crescer no conhecimento de Deus e de sua Palavra e espalhando a paz com bondade.

Seja a arma secreta de Deus.

Jesus, me mostra caminhos para buscar direitos edificando as pessoas.

41 O FLUXO DA JUSTIÇA

Em vez disso, corra a retidão como um rio, e a justiça, como um ribeiro perene!
AMÓS 5:24

Aqui em Montgomery, estamos determinados a trabalhar e a lutar até que a justiça escorra como água, e a retidão, como um poderoso ribeiro.

O PENSAMENTO DE MARTIN LUTHER KING JR. ESTAVA ACELERADO. Ele tinha acabado de ser nomeado presidente da Montgomery Improvement Association. Convidado a fazer um discurso, ele tinha vinte minutos para pensar no que diria.

Cinco mil pessoas se reuniram depois que Rosa Parks foi presa por se recusar a ceder seu lugar no ônibus a uma pessoa branca. As pessoas reunidas naquela noite votaram para parar de usar os ônibus em Montgomery, no Alabama, pois estavam cansadas de serem tratadas como se fossem menos valiosas do que as pessoas brancas. O povo cantava:

> Avante soldados cristãos, marchando para a guerra,
> Com a cruz de Jesus indo à frente!

A música acabou, e foi a vez de o dr. King falar.

Ele citou o livro de Amós do Antigo Testamento e disse que, à medida que os boicotes aumentassem, as pessoas seriam como gotículas de água se acumulando em um riacho.

As gotas de água não podem ficar paradas. Elas se reúnem e correm ladeira abaixo, formando um riacho. Quando o riacho reúne água suficiente, ele se transforma em um forte rio que molda a terra e as rochas. Da mesma forma, o movimento pelos direitos civis ganhou poder à medida que mais participantes fortaleceram o riacho rumo à justiça.

O apelo do profeta Amós para que a justiça fluísse foi um desafio para o povo de Israel devolver o coração a Deus. Mesmo que o povo cantasse louvores e fizesse sacrifícios a Deus, o Senhor estava irado porque eles maltratavam as pessoas assim que o tempo de adoração terminava. Diziam ser a nação do povo de Deus, mas não protegiam os pobres. Odiavam pessoas que diziam a verdade nos tribunais. Não suportavam pessoas que falavam contra o mal.

Durante o movimento pelos direitos civis, muitos pastores e igrejas condenaram os protestos e apoiaram o culto segregado. Organizações como o Conselho de Cidadãos Brancos e a Ku Klux Klan diziam seguir a Deus, mas ignoravam a mensagem de Amós. Aterrorizavam pessoas que defendiam leis justas e tratamento igualitário. O dr. King repetiu o apelo de Amós para que a justiça fluísse.

Como você pode se juntar ao riacho de pessoas que estão fazendo o que é certo? Trate os outros com justiça sempre. Escreva cartas para líderes comunitários e governamentais sobre questões de seu interesse. Aprenda mais sobre as lutas que imigrantes, refugiados e outros enfrentam. Quando você se reunir com pessoas que se movem em direção à justiça, o rio de retidão desgastará a barragem da desigualdade.

Comprometa-se em demonstrar justiça e bondade.

Pai, me ajuda a mostrar que amo o Senhor em minha forma de tratar as outras pessoas.

42 O VOTO É UMA ESCOLHA

— Diga-lhe: "O Senhor, o Deus dos hebreus, mandou-me dizer: 'Deixe o meu povo ir para prestar-me culto no deserto'. Até agora, porém, você não me deu ouvidos".
ÊXODO 7:16

Dê-nos o voto, e não precisaremos mais preocupar o governo federal em relação a nossos direitos básicos.

A NÉVOA COBRIA A MANHÃ. Homens e mulheres faziam fila na rua, usando capas de chuva e chapéus ou se abrigando debaixo dos guarda-chuvas. Mas a alegria e emoção deles enchiam a rua, apesar do céu cinza.

Era o dia do registro de eleitores em Selma, no Alabama. Houve muitos outros dias de registro em anos anteriores, mas aquele dia foi diferente, pois foi a primeira vez que negros puderam se registrar para votar no Alabama em paz. Não precisavam mais pagar os impostos eleitorais, que obrigavam pessoas negras a pagar pelo que era gratuito para outros cidadãos. Não precisavam mais recitar toda a constituição de cor, ou outras provas difíceis que só eram exigidas dos negros. Não precisavam mais passar por funcionários públicos e policiais brancos furiosos que intimidavam os negros que tentavam reivindicar seus direitos como cidadãos dos Estados Unidos. Cada rosto na fila irradiava dignidade e orgulho.

Por muito tempo, pessoas brancas de todos os níveis de governo trabalharam juntas para impedir que as pessoas negras votassem porque acreditavam que os negros eram inferiores. Acreditavam que os cidadãos brancos seriam insultados se os negros tivessem os mesmos direitos e levaram essas crenças terríveis a todos os lugares: à escola, ao trabalho, às urnas e até à igreja.

O então presidente Lyndon Johnson assinou a Lei dos Direitos de Voto em agosto de 1965. Martin Luther King Jr. esteve presente na assinatura e testemunhou a recompensa por toda as marchas, resistências, prisões, espancamentos e empregos perdidos que homens, mulheres e crianças negras enfrentaram. Muitas vozes imploraram: "Nos deixe votar!" Por fim, a resposta foi um digno *Sim*!

No livro do Êxodo, os egípcios tratavam os israelitas como inferiores e os escravizaram por mais de quatrocentos anos. Eles roubaram dos israelitas as decisões humanas básicas: trabalho, tamanho da família ou onde morar. Os egípcios tratavam os israelitas como se tivessem menos valor e dignidade.

Mas Deus decidiu libertar os israelitas. Eles tinham a capacidade de fazer suas próprias escolhas, como é a vontade de Deus, porque todos têm valor para ele.

A dignidade, o valor que Deus dá a alguém, é tirada quando as pessoas não podem agir, adorar ou morar onde querem. Quando alguém perde escolhas e é forçado a viver abaixo dos outros, Deus não é honrado.

Trate os outros com dignidade. Faça elogios com honestidade. Dê um sorriso e tente ser amigo quando outras crianças estão rindo de alguém de uma forma maldosa. Não participe quando os colegas fizerem *bullying* nas redes sociais. Ao valorizar outras pessoas, você mostra a elas seu real valor.

Ofereça aos outros a dignidade que Deus lhes dá.

Pai, me ajuda a falar e a agir de maneira que honrem a todas as pessoas.

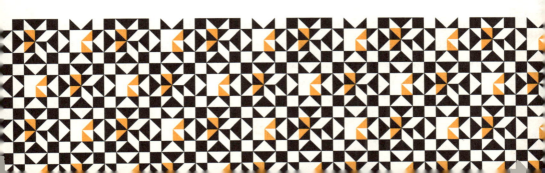

43 NÃO ESPERE

 "Porque sou eu que conheço os planos que tenho para vocês" — declara o Senhor — "planos de fazê-los prosperar, não de causar dano, planos de dar a vocês esperança e um futuro."
JEREMIAS 29:11

 Tenho um sonho de que meus quatro filhos pequenos um dia viverão em uma nação onde não serão julgados pela cor da pele, mas pelo conteúdo de seu caráter.

— **BOA PEGADA!**

O menino abriu um sorriso diante do elogio do pai e devolveu a bola a ele.

Martin Luther King Jr. teve quatro filhos. Às vezes era difícil ser filho do líder dos direitos civis. Outras crianças faziam *bullying* com eles, e as pessoas os olhavam com desconfiança. Mas, em casa, o dr. King era o "papai". Ele brincava com os filhos, os abraçava e reforçava o quanto eram valiosos — embora o mundo tentasse desvalorizá-los.

Os filhos do dr. King foram um dos maiores motivos da urgência em sua luta contra a discriminação. Ele queria mudança *imediata* para seus pequenos e para todas as outras lindas crianças negras que cresciam em uma sociedade que as desprezava.

O dr. King se lembrou do quanto a filha de 6 anos e o filho de 5 ficaram animados com um anúncio que viram na televisão sobre um parque de diversões, o Funtown! Os brinquedos! Os lanches! É claro que as crianças queriam ir. Mas ele teve de dizer aos filhinhos que o Funtown não estava aberto a crianças negras. E teve de ver os olhos dos filhos se encherem de lágrimas de raiva.

Bons pais querem oferecer aos filhos segurança, aventura, diversão e muito amor. Bons pais querem ajudar os filhos a conquistarem seus sonhos. Nenhum pai quer explicar a um filho ou uma filha que algumas pessoas vão tratá-los mal. Nenhum pai gosta de tentar explicar um sistema cheio de ódio.

O dr. King queria que os filhos tivessem acesso ao Funtown, mas também a oportunidades baseadas em seus talentos e seu caráter. Ele queria o melhor para eles e estava disposto a fazer o que fosse preciso para lhes dar "esperança e um futuro."

Deus também é um bom pai. Na Bíblia, o profeta Jeremias disse ao povo que eles seriam forçados a viver em outro país entre pessoas que não os aceitariam. Deus disse a Jeremias que esse sofrimento não duraria para sempre. O plano dele para seus filhos era bom, cheio de esperança. Deus motivou o povo a se sentir em casa. Ele disse que não deveriam esperar o acolhimento dos povos nativos, mas que deveriam fazer da Babilônia um lugar de paz para eles e seus vizinhos.

Qual é a sua esperança? Parece que ela está longe demais? Peça a orientação de Deus enquanto corre atrás de seu sonho.

Ore e trabalhe por um futuro melhor.

*Pai, me ajuda a criar a esperança
e o futuro que o Senhor quer para mim,
para meus amigos e para todos.*

ERNEST GREEN

22 de setembro de 1941—

Aquele não foi um primeiro dia de aula qualquer.

Ernest Green embarcou em um dos carros do exército. Na frente e atrás do carro havia jipes com suportes de metralhadora. Helicópteros militares sobrevoavam. Ao lado dos jipes, soldados seguravam fuzis. Ernest e outros oito estudantes negros estavam indo para a escola escoltados por um pequeno exército.

Em 1957, Ernest ia começar o último ano e se ofereceu para mudar para a Central High School em Little Rock, no Arkansas. Ele esperava ter poucos problemas porque outras escolas municipais estavam integradas. Mas estava errado.

Dois dias antes da escolta do exército de Ernest, pessoas brancas atacaram os estudantes negros e os impediram de entrar na escola. Elas odiavam a integração e queriam impedi-la. Após o ataque, o presidente Dwight Eisenhower enviou a 101ª Divisão Aerotransportada do Exército dos Estados Unidos. Os soldados tinham uma missão: proteger os estudantes negros. Com soldados de todos os lados, todos os nove alunos atravessaram em segurança a porta da frente da escola e começaram o ano letivo.

Em entrevista, Ernest relembrou: "Foi então que eu entendi... tínhamos finalmente rompido a porta da segregação em Little Rock."

Mais tarde, aqueles alunos seriam conhecidos como os Nove de Little Rock.

Em 27 de maio de 1958, Ernest se tornou o primeiro estudante negro a se formar na Central High School. A família dele compareceu à cerimônia, e Martin Luther King Jr. compareceu como convidado.

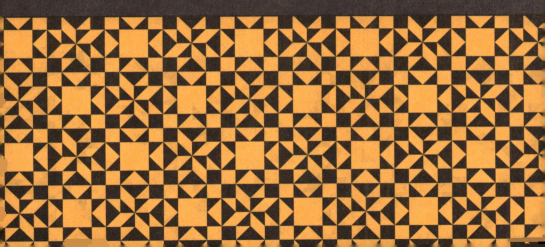

44 LOUVE A DEUS

"O Senhor é a minha força e a minha canção; ele é a minha salvação! Ele é o meu Deus, e eu o louvarei; é o Deus do meu pai, e eu o exaltarei!"
ÊXODO 15:2

Enfim, livres! Enfim, livres! Graças a Deus todo-poderoso, enfim estamos livres!

AO ASSINAR A LEI DOS DIREITOS DE VOTO DE 1965, o presidente Lyndon B. Johnson entregou a caneta ao sorridente Martin Luther King Jr. A lei deu a muitos negros do sul dos Estados Unidos sua primeira chance real de votar. No ano anterior, o presidente Johnson havia assinado outra lei, a Lei dos Direitos Civis, que tornou ilegal a segregação e muitas práticas discriminatórias.

Deus usou o movimento dos direitos civis para trazer muitas bênçãos. Após as novas leis, grupos comunitários e de direitos civis em todo o país comemoraram. "Louvado seja o Senhor!" ecoava nas igrejas de estado para estado. As palavras de um antigo *spirituals*, "Enfim, livres", ressoaram com novo significado.

Algumas destas manhãs, iluminadas e belas,
Agradeço a Deus porque enfim estou livre.

Ainda havia trabalho a fazer, mas aquelas leis ofereciam aos negros mais acesso a direitos do que antes. Eles tinham muitas razões para cantar!

Podiam cantar sobre escolas cheias de crianças de todas as cores. O caso do Supremo Tribunal Brown X Conselho de Educação proibiu a segregação escolar, e alunos corajosos, como Ruby Bridges e os Nove de Little Rock, deram vida à lei.

Podiam cantar sobre integração no transporte. O boicote aos ônibus de Montgomery de 1956 e os Viajantes da Liberdade de 1961 desafiaram os lugares segregados e venceram.

Podiam cantar sobre a oportunidade de pedir deliciosos hambúrgueres, sorvetes e refrigerantes nas lanchonetes. As manifestações de 1960 obrigaram as empresas a abrirem as portas para todos.

Podiam cantar sobre as novas leis que protegem seus direitos. A Lei dos Direitos Civis de 1964 tornou ilegal a discriminação contra qualquer pessoa com base em raça, religião, origem ou cor. Garantiu que os locais públicos não fos-

sem mais segregados. A Lei dos Direitos de Voto de 1965 proibiu as regras que os estados sulistas usavam para impedir os negros de votar.

O dr. King acreditava que o poder de Deus agia durante as lutas. Deus dava força aos defensores da liberdade. Deus os ajudava a marchar novamente após uma prisão ou espancamento. Deus lhes dava soluções criativas. E Deus enviava ajudantes que eram advogados, professores e até presidentes. Por isso o dr. King podia dizer: "Graças a Deus todo-poderoso!"

Agradeça a Deus depois de cada sucesso, não importa se é grande ou pequeno. Veja como o Senhor está trabalhando enquanto você ajuda a criar um mundo melhor e mais feliz. Ele está lá com você e está agindo. Louve a Deus!

Celebre a bondade de Deus e louve sempre.

Pai, agradeço por poder trabalhar ao teu lado.

45 ONDE HOUVER JUSTIÇA

Amados, nunca procurem vingar-se, mas deixem com Deus a ira, pois está escrito: "Minha é a vingança; eu retribuirei."
ROMANOS 12:19

A verdadeira paz não é apenas a ausência de tensão; é a presença da justiça.

"SEM JUSTIÇA, NÃO HÁ PAZ!" Manifestantes negros gritavam ao marchar em direção a uma delegacia de polícia de Nova York em 1999. Eles levantavam a voz contra o assassinato de um imigrante negro que foi baleado enquanto pegava a carteira para se identificar.

"Sem justiça, não há paz!" Manifestantes negros gritavam ao marchar em protesto contra o assassinato a tiros de outro homem negro, em Nova York, em 2006.

"Sem justiça, não há paz!" Manifestantes negros gritavam ao marchar em 2020 durante os protestos do movimento Black Lives Matter [Vidas negras importam].

Todas as vezes, os manifestantes pediam a mesma coisa: mudanças na forma como a polícia trata os negros.

Às vezes, os protestos não são pacíficos. A intenção por trás de "Sem justiça, não há paz!" passa de uma ameaça de ruptura para uma ameaça de destruição e violência. Algumas pessoas repetem o coro para dizer que estão dispostas a usar a violência como forma de punição e conseguir o que querem.

A Constituição dos Estados Unidos dá o direito de protestar. Os cidadãos podem protestar com poucas pessoas ou podem marchar com milhares. Podem levar cartazes. Podem gritar palavras de ordem que expressam a mudança que querem ver. Podem se envolver em protestos e outras resistências usadas durante o movimento pelos direitos civis. Mas devem continuar em paz.

Para o dr. King, não era possível existir justiça sem paz. Ele acreditava que o mundo ficaria em paz quando todos fossem tratados de maneira justa. Justiça significa tratamento igual para todos. Significa aplicação igualitária das leis para todos. Significa que ninguém deve ser tratado pior por causa de raça, capacidade física ou gênero.

A Bíblia chama Jesus de "Príncipe da Paz" (cf. Isaías 9:6). Confie na justiça do Príncipe da Paz. Já quis se vingar de alguém que tratou você mal? Quando se sentir assim, lembre-se de que Deus é justo. Ele castigará o mal à sua maneira perfeita.

É certo clamar por justiça, porém é errado gerar caos e violência. Não faz sentido combater a violência com mais violência. Lute pelos direitos civis, mas não tente buscar justiça fazendo o que é errado. E convide sempre o Príncipe da Paz para ir com você.

Mantenha a paz em sua casa e não busque brigas nem reaja a quem quer brigar.

Senhor, por favor, me ajuda a confiar em tua justiça.

46 PEÇA MAIS

Quando o viu deitado e soube que ele vivia naquele estado havia tanto tempo, Jesus lhe perguntou: — Você quer ser curado?
JOÃO 5:6

Tudo se resume ao fato de que jamais devemos nos permitir ficar satisfeitos com objetivos que não alcançamos.

PODER COMER UM HAMBÚRGUER na lanchonete local? *Feito*.
Poder tomar água em bebedouros limpos? *Feito*.
Poder ir para a escola que escolherem? *Feito*.
Poder votar em pessoas que consideram as necessidades das pessoas negras? *Feito*.

Em 1965, as marchas, o sofrimento e o sangue dos defensores da liberdade haviam conquistado os direitos humanos mais básicos para os negros norte-americanos: o direito de morar onde quisessem, o direito de frequentar boas escolas e o direito ao voto. A dignidade estava sendo restaurada no coração dos negros. Mas esses sucessos foram apenas o começo. Martin Luther King Jr. queria que os negros soubessem que eram amados por Deus e que o amor de Deus se estendia ao bem-estar pessoal deles. Queria que vivessem como cidadãos *plenos*.

O dr. King e outros líderes dos direitos civis queriam que o racismo e a segregação acabassem completamente. Queriam que os negros tivessem acesso a bons empregos. Queriam negros eleitos no governo. Queriam que os negros fossem livres para comprar terrenos e casas onde quisessem. Queriam que os negros vivessem sem medo de ser prejudicados.

Em meados da década de 1960, alguns críticos achavam que os negros deveriam se sentir satisfeitos e parar de pedir outras coisas. Por que eles tinham *tantos* objetivos? O dr. King e outros líderes ignoraram essas perguntas, pois sabiam que progresso não é sinônimo de igualdade.

No Evangelho de João, um homem doente ficava deitado ao lado de um tanque. As pessoas acreditavam que a primeira pessoa a entrar no tanque quando o anjo mexesse na água seria curada. Mas o homem nunca foi o primeiro a entrar quando a água se movia. Um dia, Jesus chegou àquele tanque e perguntou ao homem: "Você quer ser curado?" O homem não conseguia enxergar além do momento errado e da falta de velocidade. Jesus ofereceu uma visão maior: cura completa do corpo e da alma.

O movimento pelos direitos civis ampliou a imaginação dos negros, pois os ajudou a sonhar com um futuro em que o país não estivesse doente de racismo, mas saudável e íntegro. Também os ajudou a acreditar que poderiam viver melhor, com mais direitos, mais paz, mais alegria, mais liberdade todos os dias.

Do que a sua comunidade precisa? Ruas mais seguras, um centro comunitário, um parque limpo? Criar uma meta e trabalhar para ter mais é uma forma ativa de perguntar: "Queremos ser curados?" Peça ajuda a Deus para alcançar seu objetivo.

Quer conquistar mais? Crie um objetivo.

Faça uma lista de esperanças e sonhos para sua comunidade.

Querido Deus, me ajuda a não me contentar com a justiça incompleta.

PARTE 8 AMOR EM AÇÃO

47 NO RITMO

Eles responderam:
— Permite-nos que, na tua glória, nos sentemos um à tua direita e o outro à tua esquerda.
MARCOS 10:37

E existe, em todos nós, lá no fundo, um instinto. É uma espécie de instinto de comandante da banda, um desejo de estar na frente, um desejo de liderar o desfile, um desejo de ser o primeiro.

A COMANDANTE DA BANDA MARCHA até o centro do campo de futebol, dobrando os joelhos a cada passo. Ela gira em círculos, salta alto e faz uma abertura completa. Ela pula de volta, volta a marchar, depois cai de joelhos. Curvando-se para trás, a cabeça dela toca o chão. Pulando, ela sopra duas vezes em um apito e aponta o cetro para a banda marcial. Os músicos e bailarinos sabem o sinal para começar a apresentação. A torcida aplaude.

As bandas marciais são uma parte divertida da cultura negra. Algumas das bandas marciais mais famosas dos Estados Unidos estão nas Faculdades e Universidades Historicamente Negras (HBCUs), criadas para instruir estudantes negros. Martin Luther King Jr. frequentou uma HBCU chamada Morehouse College, em Atlanta, na Geórgia.

A bandas marciais se apresentam em jogos de futebol, desfiles e outros eventos. Os músicos da banda tocam canções altas e rápidas. Os dançarinos chutam, rodopiam e se movem de acordo com a batida. Cada banda é como um time. Nenhum músico ou dançarino é mais importante do que outro, mas os comandantes de banda chamam mais atenção.

O comandante de banda é um líder. Alguns alunos que fazem parte da banda tentam a vaga apenas porque gostam de estar em primeiro lugar e querem estar no controle.

Como disse o dr. King, todos têm o desejo de ser o primeiro. Não há nada de errado em querer uma posição lá na frente, mas ele lembrou que ser líder é uma grande responsabilidade. Os líderes podem usar o poder para o bem ou para o mal. O dr. King desafiou os líderes a fazerem o bem ajudando outras pessoas.

Somente uma pessoa pode ser a primeira. Na Bíblia, os discípulos Tiago e João achavam que eles deveriam ser os primeiros. No reino de Jesus, queriam se sentar ao lado de Jesus em posições de poder. Jesus lhes disse que Deus decidiria quem ficaria com aqueles lugares (cf. Marcos 10:40).

Como Deus escolhe líderes? Os líderes de Deus são humildes. Jesus era o melhor líder porque se preocupava com as pessoas, não com a fama. Ele servia o próximo. Sacrificava-se pelos outros. No desfile de Deus, Jesus é o grande comandante da banda.

Bons comandantes de banda ensaiam por muitas horas. Eles não agem como se fossem a banda toda, agradecem aos outros por suas contribuições e às vezes se afastam e deixam um músico ou dançarino se destacar. Se você é líder, use sua responsabilidade para fazer o bem. Se não é líder, não tenha inveja do sucesso dos outros. Em vez disso, procure maneiras de conduzir outras pessoas ao desfile de Deus.

> **Marche no ritmo do amor de Deus, deixando que os outros sejam os primeiros.**
>
> *Senhor, me ajuda a continuar no ritmo da humildade e do amor ao liderar.*

48 UM CANAL DO EVANGELHO

Apenas servos por meio dos quais vocês vieram a crer, conforme o ministério que o Senhor deu a cada um.
CF. 1CORÍNTIOS 3:5

Mantenha Martin Luther King em segundo plano e Deus em primeiro plano e tudo ficará bem. Lembre-se de que você é um canal do evangelho, não a fonte.

UM RAIO DE SOL ENTRAVA PELO CARRO DE MARTIN LUTHER KING JR.
Ele girou o botão do rádio, e as notas da ópera *Lucia di Lammermoor* encheram o carro. Era uma das óperas favoritas do dr. King. Ele gostava de óperas porque elas contam histórias.

Seu corpo relaxava enquanto a voz do cantor subia e descia. Sentia-se tranquilo dirigindo por belas paisagens no ensolarado sábado de janeiro de 1954.

Ele estava a caminho de Montgomery, no Alabama. A Igreja Batista de Dexter Avenue o havia convidado para pregar nos cultos matinais de domingo. Eles estavam à procura de um novo pastor, e o dr. King precisava de um emprego. Ele recebeu oportunidades em outras duas igrejas. Algumas faculdades também o convidaram para dar aulas. Ele estava tentando descobrir qual oportunidade Deus queria que ele aceitasse.

Naquela noite, ele trabalhou no sermão, pois queria impressionar a congregação. Ele deveria incluir coisas que provassem o quanto era inteligente? Ou deveria apenas depender da inspiração de Deus, como geralmente fazia? Ao considerar as duas opções, lembrou: "Você é um canal do evangelho." Ele sabia que Deus lhe daria as palavras certas. O dr. King orou e foi dormir.

Ele conseguiu o emprego! Deus queria que ele fosse para Montgomery. No ano seguinte, o dr. King ajudou a organizar o boicote aos ônibus da cidade de Montgomery e logo se tornou um líder no movimento pelos direitos civis.

Muitos consideram o dr. King um herói, mas ele apontava as pessoas para Deus como a fonte de sua liderança. Ele colocava Deus e a Bíblia no centro de suas mensagens.

Ao se tornar líder, lembre-se de que você está fazendo a obra de Deus. Você é servo dele. Mantenha Deus em primeiro lugar. Seja você mesmo, mas não se exiba. Jesus é a luz. Deixe que Jesus brilhe por meio de você.

Reflita o brilho de Jesus ao conduzir outras pessoas a ele.

Espírito Santo, me ajuda a permanecer humilde enquanto faço a obra de Deus.

49 A VERDADEIRA EDUCAÇÃO

Quem é sábio e tem entendimento entre vocês? Que o demonstre pelo seu bom procedimento e por meio de obras praticadas com a humildade que provém da sabedoria.
TIAGO 3:13

Inteligência mais caráter: esse é o objetivo da verdadeira educação.

MARTIN LUTHER KING JR. FEZ UMA PAUSA E SE INCLINOU PARA OUVIR o que os participantes da reunião tinham a dizer. Ele se concentrou nas palavras de cada pessoa que tinha comentários, elogios ou críticas. Havia muitas perguntas: "Podemos levar facas para nos defender?" "O que faz você pensar que pode vir ao Alabama para nos ajudar?" "O que um pastor está fazendo envolvido em protestos e política?"

Os participantes das reuniões tinham muitas crenças e atitudes diferentes em relação ao dr. King. Alguns não gostavam de seu ativismo e achavam que ele deveria se ater à pregação. Outros achavam que ele era um erudito que não conseguia se relacionar com os negros pobres do sul dos Estados Unidos.

O povo do Alabama desconfiava dos planos do dr. King para ações de direitos civis no estado. Ele havia sido pastor em Montgomery, mas saiu em 1960 para copastorear com o pai em Atlanta, na Geórgia. Três anos depois, voltou ao estado como líder dos direitos civis. O povo se indignou porque o dr. King voltou com um plano, mas não o havia compartilhado. Houve muitos mal-entendidos.

O dr. King realizou muitas reuniões com a comunidade, empresas e líderes cristãos locais. Em sua autobiografia, ele descreveu o clima antes de uma reunião: "O clima quando entrei era tenso e frio."

Ele escutou e ponderou as preocupações de cada participante. Ele falou sobre seus medos e apreensões e garantiu que não havia excluídos na causa da justiça. Gentilmente os desafiou ao dizer que a não violência significava não ter facas. Ele lembrou que a boa-nova de Jesus não era apenas para o céu, como também para a terra, agora. Quando terminou, o clima já havia mudado. Muitas pessoas até se comprometeram a se envolver.

O dr. King era um homem erudito, mas não bastava ter conhecimento. As pessoas precisavam saber que ele era confiável. Sua forma de ouvir e responder demonstrava seu caráter, e ele conquistou a confiança do povo. O dr. King disse que Deus lhe deu o poder de transformar a oposição em "fé e entusiasmo."

É importante ter cultura. Aprenda tudo o que puder sobre os problemas do mundo e possíveis soluções, mas também aprenda a ouvir e responder com amor. Você fará a maior diferença quando os outros confiarem em você e estiverem dispostos a trabalhar ao seu lado. Seja alguém que Deus pode usar por ser alguém em quem as pessoas podem confiar.

Suas ações devem corresponder a suas palavras.

Deus, me ajuda a ser digno da confiança das pessoas.

50 SEJA UMA ESTRELA

Portanto, meus amados irmãos, mantenham-se firmes e inabaláveis. Sejam sempre dedicados à obra do Senhor, pois vocês sabem que, no Senhor, o trabalho de vocês não é inútil.
1CORÍNTIOS 15:58

Seja um arbusto se não puder ser uma árvore. Se não puder ser uma rodovia, seja uma trilha. Se não puder ser o sol, seja uma estrela. Pois não é pelo tamanho que você vence ou fracassa. Seja o melhor em tudo o que você faz.

GEORGIA MISTURA O QUEIJO no macarrão, depois se vira para ver como estão as verduras; elas precisam de um pouco mais de tempo de cozimento. Ela esfrega a testa e alisa o avental antes de ir para a sala de jantar.

"Pequena!" O dr. King chama Georgia pelo apelido. Ela sorri. Ela não é pequena. Ela é forte. Ela administra um restaurante em casa, que é um ponto de encontro seguro e delicioso para o dr. King e outros organizarem o boicote aos ônibus de Montgomery.

Ao saber que Rosa Parks não havia cedido seu lugar no ônibus para uma mulher branca, Georgia Gilmore ficou inspirada e logo se juntou à Montgomery Improvement Association (MIA), o grupo que organizou o boicote. Quando descobriu que Georgia fazia parte do boicote, seu chefe na lanchonete onde ela cozinhava a demitiu na hora. Ele provavelmente pensou que a estava prejudicando, mas a demissão a libertou para atuar no movimento.

Georgia usou o que tinha (suas habilidades culinárias de dar água na boca e sua atitude pragmática) e ajudou a alimentar e dar apoio ao boicote. Ela cozinhava para manifestantes famintos. Coletava doações de doadores que não queriam ser identificados. Fazendo tortas e bolos, arrecadou dinheiro suficiente para comprar carros para os manifestantes dividirem caronas!

Ela chamou seu restaurante de Club from Nowhere [Clube de lugar nenhum]. Era um lugar onde o dr. King podia ir sem se preocupar com a comida ou com a companhia. A MIA conseguiu manter o boicote por mais de um ano, em parte por causa de Georgia.

Georgia usou o que tinha para ajudar outras pessoas. Você pode fazer o mesmo. O que gosta de fazer? Quais são os seus dons? Você sabe cantar, dobrar roupas ou cortar grama? Sabe cuidar de crianças, cozinhar ou programar? Quaisquer que sejam suas habilidades, entregue-as a Deus. Deus pode usar seus dons e multiplicá-los para ajudar as pessoas.

Ofereça seus talentos a Deus.

Pai, usa meus talentos e dons para abençoar os outros.

CLAUDETTE COLVIN

5 de setembro de 1939—

Enquanto Claudette Colvin pagava a passagem de ônibus depois da aula naquele dia, sua cabeça estava repleta de histórias de heróis negros. A aula de história foi sobre Harriet Tubman, Sojourner Truth e Frederick Douglass. Os adolescentes também falaram sobre as restrições que estavam sofrendo em Montgomery, no Alabama, em 1955.

Depois de pagar na porta da frente, Claudette saiu do ônibus e entrou por trás, na parte reservada para negros. O ônibus encheu rápido, e uma mulher branca ficou de pé ao lado de Claudette. Segundo a lei, Claudette deveria ceder o lugar para qualquer pessoa branca que quisesse. Claudette teria de ficar de pé, mas não se mexeu. O motorista gritou com ela, mesmo assim ela continuou sentada.

Logo dois policiais brancos encurralaram Claudette.

— Levante! — gritou um.

Lágrimas escorriam por suas bochechas, mas ela respondeu em voz nítida e aguda:

— Não, senhor. É meu direito constitucional me sentar aqui tanto quanto essa senhora. Paguei minha passagem, é um direito constitucional meu!

Enquanto os livros escolares de Claudette caíam no chão, os policiais a arrastaram para fora do ônibus e a colocaram em uma viatura. Quando o cadeado da cela se fechou, o pânico tomou conta dela, mas então ela orou o Pai-Nosso e recitou Salmos 23:1: "O Senhor é o meu pastor [...]."

Quando Claudette foi solta, a notícia se espalhou. Algumas pessoas achavam que a jovem de 15 anos era uma desordeira. Outras disseram que ela foi corajosa. Em seu julgamento, Claudette foi considerada culpada por violar a lei de ônibus segregados e colocada em liberdade condicional.

Nove meses depois, também em Montgomery, Rosa Parks se recusou a ceder o lugar no ônibus. Rosa viu pessoas como Claudette reivindicarem seus direitos e optou por seguir o exemplo delas. Sua recusa desencadeou o boicote aos ônibus de Montgomery, que acabou com a segregação nos ônibus da cidade. Mas Claudette se recusou a sair do lugar primeiro. Ela ajudou a preparar o povo de Montgomery para Rosa.

51 HORA DE AGIR

Para tudo há uma ocasião certa.
CF. ECLESIASTES 3:1

O tempo é neutro; pode ser usado de maneira construtiva ou destrutiva.

BREE NEWSOME SUBIU AOS POUCOS NO MASTRO próximo ao capitólio estadual em Charleston, na Carolina do Sul. Ela ignorou o policial que gritava para ela parar e pegou a bandeira confederada que balançava no mastro. Muitas pessoas, inclusive Bree, acreditam que a bandeira é um símbolo da supremacia branca. Bree derrubou a bandeira. Quando seus pés tocaram o chão, ela foi presa.

Pessoas reclamavam do uso da bandeira confederada na Carolina do Sul havia muito tempo, mas a bandeira ainda pairava, até Bree escalar o mastro no dia 27 de junho de 2015. A cidade retirou a bandeira definitivamente semanas depois.

Você já se pegou querendo deixar algo para depois? Talvez você quisesse se candidatar a representante de classe para ajudar a criar um programa anti-bullying. Talvez quisesse planejar uma campanha para apoiar uma causa com a qual se importa. Mas você se distraiu e voltou a brincar. Seu coração mandou você ir, mas sua cabeça disse: "Agora não." E nada melhorou!

Durante as décadas de 1950 e 1960, os negros norte-americanos não tinham os mesmos direitos que os brancos. Os negros queriam votar nas eleições. Queriam escolher o bairro em que morariam. À medida que o movimento pelos direitos civis ganhou força, muitas pessoas começaram a se levantar contra essas injustiças.

Mas o dr. King notou que muitas pessoas ainda adiavam a ação. Essas pessoas estavam esperando em oração que as injustiças parassem sozinhas. Pensavam que, com paciência e tempo, os Estados Unidos se tornariam uma nação mais justa para todos. O dr. King, porém, discordou e chamou essa ideia de "mito do tempo." Ele alertou que o tempo é o que fazemos: podemos usá-lo para fazer algo bom... ou não.

Há uma ocasião certa para tudo. Às vezes, esperar e ter tempo para orar e planejar é a melhor ação. Bree e outros ativistas planejaram como derrubar a bandeira, e muitos dos protestos do movimento pelos direitos civis foram planejados cuidadosamente por meses. No entanto, o segredo é estar pronto quando Deus mostrar a hora certa. Então, se envolva. Se as pessoas não ajudarem, nada vai mudar. Se as coisas não mudarem, as injustiças jamais desaparecerão. Mas você não vai deixar isso acontecer, certo?

Use seu tempo para fazer coisas boas acontecerem.

*Senhor, por favor, me ajuda
a agir na hora certa.*

52 MENSAGENS DE CURA

Há quem fale sem refletir, e fere como espada, mas a língua dos sábios traz a cura.
PROVÉRBIOS 12:18

A não violência é uma arma poderosa e justa. Na verdade, é uma arma única na história, que corta sem ferir e enobrece o homem que a empunha.

NINA SIMONE CANTAVA AS PALAVRAS ao piano enquanto a banda tocava violões e bateria ao seu redor.

Você é jovem, talentoso e negro.
Você tem sua alma intacta, e isso é fato.

    Sua amiga, a escritora Lorraine Hansberry, disse a um grupo de jovens escritores negros que eles eram "jovens, talentosos e negros" para motivá-los. As palavras ficaram ancoradas na mente de Nina. A mensagem era tão necessária, tão positiva, tão potente. Nina sabia que precisava transformá-la em música. Ela escreveu para crianças negras, mas a canção se tornou um hino de alegria e poder para todas as pessoas negras e até hoje é cantada e regravada.
    Durante o movimento pelos direitos civis, os brancos controlavam os principais meios de comunicação. Assim, escritores e artistas negros criaram seus próprios espaços para contar histórias e criar imagens que fizessem uma narrativa mais completa da vida negra. Jornais e revistas negras se dedicaram a compartilhar histórias honestas sobre as lutas do povo negro. Também contavam histórias que celebravam a vida negra, que a maioria dos jornais ignorava, e compartilharam realizações de pessoas negras comuns e famosas.

Escritores, cantores, poetas, pintores e fotógrafos usaram seus meios de comunicação como protesto não violento e para expressar a alegria, maravilha e determinação dos negros. James Baldwin escreveu um ensaio, *My Dungeon Shook* [Minha masmorra tremeu], sobre as possibilidades de uma nação integrada: "Podemos tornar os Estados Unidos o que os Estados Unidos devem ser." Aretha Franklin cantou sobre respeito. Elizabeth Catlett esculpiu uma mulher alta e de pele escura levantando o punho em direção ao céu.

O dr. King pregou sermões inflamados, gritou em protesto contra a injustiça durante as reuniões, mas também conversou com alunos do Ensino Médio sobre as possibilidades do futuro deles. Ele descreveu sua visão da Comunidade Amada, na qual todas as pessoas viveriam em paz e respeito. Em 1963, falou da beleza e do valor das crianças no velório das quatro meninas que morreram no atentado à Igreja Batista da Rua 16. O amor era seu principal tema. E o amor cura.

Você também pode usar suas palavras e criações para tornar o mundo melhor. Escreva histórias e poemas sobre beleza. Crie arte. Diga ao mundo como você se sente! Mas deixe que suas criações reflitam sua fé em Jesus e que brilhem a luz de Deus.

Crie mensagens de esperança e cura.

Espírito Santo, me ajuda a me expressar de maneiras que curam.

53 TODOS ELES

Orem no Espírito em todas as ocasiões, com toda oração e súplica. Tendo isso em mente, estejam atentos e perseverem na oração por todos os santos.
EFÉSIOS 6:18

Queremos todos os nossos direitos, queremos aqui e queremos agora.

O DR. KING FALAVA DE MANEIRA FLUIDA. Ele preparava seus discursos, mas também improvisava para falar o que estava em seu coração ou tratar de um acontecimento da época. Mas, um dia, em 1967, ele leu o discurso que havia preparado palavra por palavra, pois queria dizer exatamente o que planejou. Ele disse que a Guerra do Vietnã estava errada e que os Estados Unidos deveriam sair da guerra.

> O mundo agora exige uma maturidade dos Estados Unidos que talvez não possamos atingir. Exige admitir que estivemos errados desde o início de nossa aventura no Vietnã, que prejudicamos a vida do povo vietnamita. [...] Devemos tomar a iniciativa de pôr um fim nesta trágica guerra.

No dia seguinte, o presidente Johnson cancelou o convite do dr. King para a Casa Branca. Mais de 150 jornais o criticaram, pois achavam que ele não deveria opinar sobre assuntos internacionais. Tinham perdido o respeito por ele. Pesquisas mostraram que mais da metade das pessoas negras também perderam o respeito por ele.

O dr. King se sentia sozinho, mas tinha certeza de que a guerra era injusta.

Martin Luther King Jr. chamava a pobreza, o racismo e a guerra de "males triplos". Ele poderia facilmente ter se concentrado em apenas um mal, porque cada mal era grande o suficiente! Mas ele achava que *todos* esses problemas precisavam ser combatidos. Todos eles prejudicavam seres humanos. Combater a pobreza, o racismo e a guerra significava lutar pelos direitos civis.

O dr. King manteve seu propósito. Propósito é o plano de Deus para a vida de alguém. O dr. King começou como um guerreiro contra o racismo, mas não limitou a definição dele ou de Deus sobre o que são direitos civis. Quando viu a pobreza em todo o país, organizou a Campanha dos Pobres. Quando soube do sofrimento de cidadãos vietnamitas e soldados à beira da morte, falou contra a guerra. Ele falava e agia contra o mal onde quer que o visse, várias vezes.

O dr. King também orou sobre essas falhas. Ele continuou pedindo a Deus as mesmas coisas: liberdade para os negros; acesso à educação, moradias seguras e empregos com salários justos; e o fim da violência em todo o mundo. Ele acreditava que Deus responderia eventualmente.

Você sabe qual é o seu propósito? Peça a Deus que ajude você a descobrir. Peça fé para crer além das escolhas limitadas que parecem estar disponíveis. Depois continue fiel ao propósito que Deus lhe dá.

> **Espere que Deus faça grandes coisas e continue orando.**
>
> *Deus, me ajuda a ter fé para buscar o teu propósito para a minha vida.*

54 AMOR EM AÇÃO

Façam tudo com amor.
1CORÍNTIOS 16:14

Siga uma carreira de humanidade. Comprometa-se com a nobre luta pela igualdade de direitos. Você se tornará uma pessoa melhor, construirá uma nação melhor e um mundo melhor para se viver.

MAHALIA JACKSON FOI UMA CANTORA gospel que cantou pouco antes do famoso discurso "Eu tenho um sonho" de Martin Luther King Jr. na Marcha sobre Washington. Harry Belafonte foi um ator de Hollywood que doou dinheiro para pagar fiança para defensores da liberdade presos. Bill Hudson foi um fotógrafo cujas imagens de protestos e brutalidade policial alertaram muitas pessoas para o mundo árduo em que os negros do sul dos Estados Unidos viviam.

Cantores eram o entretenimento das reuniões. Advogados ajudavam pessoas que foram presas. Escritores compartilhavam a verdade sobre a injustiça em jornais, revistas e livros. O trabalho deles se tornou uma expressão de suas crenças e de seu compromisso com a justiça. As pessoas usavam suas habilidades e paixões para contribuir com o movimento dos direitos civis.

A carreira do dr. King era a de pastor. Ele era adolescente quando decidiu passar a vida servindo a Deus e o povo. Queria ser pregador como o pai, mas sua decisão de ser pastor não era apenas uma questão de emprego. Ele se dedicava a cuidar das pessoas e as incentivava a "seguir uma carreira de humanidade", não importa o tipo de trabalho que fizessem. Seguir uma carreira de humanidade não é sobre o trabalho que você faz. É sobre seu coração: como você trata as pessoas e sua consciência dos problemas ao seu redor.

Seguir uma carreira de humanidade significa observar. O que está acontecendo com as pessoas em sua escola? Na igreja? No bairro? Quem precisa de ajuda ou incentivo?

Infelizmente, há sempre um grupo que luta para ter um tratamento justo. O mundo pode ser um lugar difícil de se viver. "Comprometa-se com a nobre luta pela igualdade de direitos." Sua presença e seu cuidado com os outros tornam você uma pessoa melhor e tornam o mundo um lugar melhor para se viver.

Deus se importa com seu coração e suas intenções. Ele pode ajudar você a ajudar os outros agora, onde você está, com o que você tem. Pergunte a Deus: "Quem posso ajudar e como?" Independentemente do que você decidir fazer, faça com bondade e amor.

Use seus talentos para servir os outros com amor e bondade.

Senhor, por favor, me ajuda a descobrir como posso amar melhor os outros usando meus talentos.

55 MOTIVOS PUROS

Não se amoldem ao padrão deste mundo, mas transformem-se pela renovação da sua mente, para que vocês experimentem a boa, agradável e perfeita vontade de Deus.
ROMANOS 12:2

Os meios que usamos devem ser tão puros quanto os fins que buscamos.

IESHIA EVANS FOI AO PROTESTO usando um vestido simples. Ela viajou de Nova York a Baton Rouge porque queria mostrar ao filho de 5 anos que faria de tudo para deixar o mundo mais seguro para ele.

O calor do verão em Louisiana estava fervente, assim como os ânimos de muitas pessoas naquele dia, 9 de julho de 2016. Os manifestantes estavam de luto, revoltados com o fato de um homem ter sido morto por policiais. Eles bloquearam uma rodovia para que os motoristas não pudessem passar. Outras pessoas ficaram impacientes e frustradas com a interrupção.

A polícia ordenou que os manifestantes desobstruíssem a rodovia, e muitos obedeceram.

Ieshia não saiu do lugar.

Ieshia usava um vestido leve que se movia com a brisa.

Os policiais usavam capacetes, coletes à prova de balas, óculos de segurança e calças reforçadas. Seguravam cassetetes e escudos e tinham armas no coldre.

Ieshia ficou ali firme, desarmada, com os pés no chão. Ela não interrompeu seu protesto silencioso.

Uma dupla de policiais correu em sua direção, a retirou da rua e a levou para a cadeia. Uma foto do momento antes de ser presa mostra a pequena mulher, vestida para um piquenique, esperando os policiais, uniformizados para a batalha.

Os motivos de Ieshia eram puros: protestar contra a morte de um homem e dar o exemplo para o filho. Sua ação pacífica ressaltou a abordagem contundente da polícia.

Da mesma forma, as ações não violentas de Martin Luther King Jr. deixaram clara a pureza de seus objetivos (justiça e equidade) diante da crueldade e do ódio. Ele e outros manifestantes continuaram sem usar violência mesmo quando suas casas e igrejas eram atacadas com bombas, quando cruzes eram queimadas em seus quintais, quando sofriam mordidas de cães, espancamentos e prisões. O objetivo do dr. King não era assustar outras pessoas ou ser vingativo. Ele não intimidava como os racistas faziam. Seu objetivo era a justiça. O dr. King sabia que a ação não violenta poderia mostrar às pessoas a brutalidade delas. Com amor, ele as convidava a mudar.

Muitos preferem assustar ou forçar os outros a fazerem o que querem. Você não precisa procurar muito longe para encontrar pessoas que prejudicam os outros para se dar bem. Mas o caminho de Jesus é o amor. Jesus mostrou a pureza de seu objetivo ao dar sua vida. O objetivo de Jesus era levar as pessoas de volta a Deus.

Você tenta tirar vantagem de seus irmãos, pais ou amigos? Peça a Deus que mude seu coração e sua mente. Então você será capaz de conhecer e seguir seus bons planos. Tenha coragem de ser transformado pelo amor de Deus.

Pense em seus motivos e peça a Deus que ajude você a agir em relação aos outros com amor.

Espírito Santo, deixa fluir ações puras de um coração transformado pelo Senhor.

56 O TOQUE DA LIBERDADE

Ora, o Senhor é o Espírito, e onde está o Espírito do Senhor há liberdade.
2CORÍNTIOS 3:17

Que a liberdade soe.

BARACK E MICHELLE OBAMA PUXARAM uma longa corda. *Blém-blém-blém*! O sino de 130 anos tocou para anunciar a inauguração do Museu Nacional de História e Cultura Afro-Americana em Washington, D.C., em 2016.

Esse sino é chamado de Sino da Liberdade e vem de uma das igrejas afro-americanas mais antigas do país, a Primeira Igreja Batista de Williamsburg, na Virgínia. "Este sino representa o espírito da América", disse o pastor da igreja. O sino foi construído em 1886 e por muitos anos tocou para anunciar cultos, casamentos, funerais e outros eventos para o povo negro que adorava a Deus ali.

Martin Luther King Jr. usou a ideia de um sino anunciando a liberdade por todo o país durante seu discurso "Eu tenho um sonho."

Que a liberdade soe nas prodigiosas colinas de New Hampshire. Que a liberdade soe nas poderosas montanhas de Nova York. Que a liberdade soe nos montes Alleghenies da Pensilvânia. Que a liberdade soe nas Montanhas Rochosas cobertas de neve do Colorado. Que a liberdade soe nas encostas da Califórnia. Mas não só isso, que a liberdade soe em Stone Mountain, na Geórgia. Que a liberdade soe na montanha Lookout do Tennessee. Que a liberdade soe em todas as colinas e montes do Mississippi.

O dr. King não somente estudava a Bíblia, mas também seguia o Espírito. Ele tinha um sonho de que os Estados Unidos removeriam as correntes do racismo que os tornavam prisioneiros do ódio. Seu sonho era espalhar a liberdade para todos. Ele clamava por liberdade! Você também tem essa capacidade.

O apóstolo Paulo escreveu que o Espírito do Senhor traz liberdade. O Espírito veio anunciar que um novo tempo havia chegado: um tempo em que o Espírito vive nas pessoas e as orienta como não fazia durante o Antigo Testamento.

De certa forma, somos como sinos quando soamos em sintonia com o Espírito. Podemos soar por liberdade para nossos vizinhos. Podemos soar um alerta de que ainda não está tudo bem. Podemos sinalizar que está na hora da mudança.

Como a liberdade soa dentro de você? Sua maneira de seguir o Espírito será diferente da maneira como qualquer outra pessoa segue, porque não há ninguém como você. Pense em como a liberdade pode soar dentro de você fazendo estas perguntas:

- Que problema deixa você furioso?
- Para você, do que o mundo mais precisa?
- O que você gosta de fazer?
- Como as pessoas descrevem sua personalidade?

Soe para anunciar a liberdade que vem de Deus.

Espírito Santo, me orienta pelos caminhos em que posso anunciar tua liberdade.

PARTE 9 SACRIFÍCIO

57 SEM PARAR

Portanto, como escolhidos de Deus, santos e amados, vistam-se de profunda compaixão, bondade, humildade, mansidão e paciência.
COLOSSENSES 3:12

Pois, quando as pessoas se envolvem com o que é certo e estão dispostas a se sacrificar por isso, não há parada até a vitória.

MARTIN LUTHER KING JR. SOLTOU UMA RISADA GRAVE E LONGA. Os amigos atrás dele riram do papel que o policial acabara de lhe entregar: era uma ordem judicial afirmando que o dr. King não tinha permissão para realizar a marcha que estava planejando em Memphis, no Tennessee. Segundo o documento, o dr. King e os outros manifestantes poderiam ser presos ou enfrentar outra punição se seguissem o plano para a marcha.

A maioria das pessoas não acharia engraçada uma ordem judicial como aquela, mas o dr. King não pretendia obedecer a ela. Apenas achou graça da tentativa de impedir a marcha.

O dr. King estava em Memphis liderando protestos contra as condições de trabalho de negros que eram funcionários no saneamento básico. Após a morte de dois garis, os outros trabalhadores negros entraram em greve porque queriam mais segurança e salários melhores pelo serviço insalubre. Eles haviam parado de trabalhar quase dois meses antes, mas a cidade de Memphis se recusou a atender aos pedidos. O dr. King estava planejando a marcha para mostrar ao prefeito que muitas pessoas se preocupavam com o assunto.

Poucos dias antes da marcha, em 3 de abril de 1968, o dr. King fez um discurso. Ele desafiou os ouvintes a mostrarem misericórdia aos trabalhadores do saneamento que estavam em greve, pedindo que apoiassem e participassem da marcha. Os 1.300 trabalhadores e suas famílias estavam sofrendo sem receber salário. Ele pediu ao povo que se juntasse ao sacrifício dos trabalhadores, mesmo que isso significasse ir para a cadeia. "Peço que estejam conosco."

Por qual causa você está disposto a se sacrificar? Muitas vezes, nós nos sacrificamos para cumprir objetivos que estabelecemos para nós mesmos. Economizamos dinheiro em vez de gastá-lo para poder pagar pelo que realmente queremos. Passamos um tempo praticando

um esporte ou ensaiando determinado instrumento para desenvolver uma habilidade. Estudamos muito para passar em uma matéria. Mas os defensores da liberdade se sacrificam pelos outros. Eles deixam de lado seus interesses para demonstrar misericórdia para com os necessitados. Como os sacrifícios que muitas pessoas fizeram antes de você, seu sacrifício pode tornar o mundo melhor.

> **Faça sacrifícios para melhorar a vida dos outros.**
>
> *Deus, por favor, me ajuda a fazer sacrifícios para que outros possam vencer na vida.*

58 APTO A VIVER

Depois disso, irei ao rei, ainda que seja contra a lei. Se eu tiver que morrer, morrerei."
CF. ESTER 4:16

O homem que não descobriu algo pelo qual morreria não está apto a viver.

DIANE NASH OLHOU PARA O DOCUMENTO OFICIAL. Ela fez uma pausa para pensar na sensação de peso do momento. Depois dobrou o papel, colocou-o em um envelope e fechou.

Diane ia andar de ônibus com um grupo integrado pelo sul segregado nas Viagens da Liberdade de 1961. Nada a impediria: nem a Ku Klux Klan, que já havia jogado bombas nos ônibus dos Viajantes da Liberdade, nem o chefe da polícia de Birmingham, Eugene "Bull" Connor, que se recusou a proteger os Viajantes da Liberdade dos terroristas; nem mesmo o governo federal.

Quando o procurador-geral, Robert F. Kennedy, enviou seu assistente para impedi-la de organizar e liderar as Viagens da Liberdade com John Lewis, Diane respondeu: "O senhor deve saber que todos nós assinamos nosso testamento na noite passada antes de partir [no ônibus para Birmingham]. Sabemos que alguém morrerá. Mas não podemos deixar que a violência vença a não violência."

O que significa estar "apto a viver"? Significa conhecer o seu propósito de vida e ir atrás dele com tudo o que você tem. É ter a atitude de determinação que Diane expressou antes das Viagens da Liberdade. É estar tão comprometido a viver por algo que você também está disposto a se sacrificar muito por isso.

Foi o que aconteceu com Ester na Bíblia. Ela não teve uma vida fácil. Seu povo, os israelitas, foi forçado a deixar suas casas e a morar em outro país. Eles tinham de esconder o fato de que eram judeus para sobreviver. Ester precisou mudar seu nome antigo, Hadassa, para se encaixar.

Ela foi criada por Mardoqueu, seu primo, porque era órfã. E depois foi tirada do primo e de sua casa mais uma vez quando o rei Xerxes a escolheu para ser a nova rainha.

O primo de Ester lhe mandou uma mensagem no palácio dizendo que um homem do governo queria matar todos os judeus. O que ela faria? Embora tivesse medo do rei Xerxes, Ester decidiu que falaria com ele sobre seu povo. O rei tinha o poder de matá-la por aparecer em sua corte sem permissão, mas a missão de Ester valia o risco. A coragem dela acabou salvando o povo.

Diane Nash e Ester foram corajosas e determinadas, pois enfrentaram grandes riscos. Fizeram o que os outros não quiseram fazer. Lutar pelo que é certo pode ser arriscado. Você pode perder amigos, oportunidades, respeito e muito mais. Mas você não será o único. Seja aquele disposto a fazer mais como Diane e a rainha Ester fizeram.

Pense no que você está disposto a arriscar esta semana para fazer o que é bom e certo.

Deus, me mostra como posso me comprometer totalmente.

DIANE NASH

15 de maio de 1938—

Diane Nash queria se divertir! Ela tinha acabado de se mudar para fazer faculdade em Nashville, no Tennessee, e estava pronta para fazer descobertas. Ela queria comprar roupas bonitas. Queria saborear um hambúrguer com os amigos em uma lanchonete. Queria assistir a um filme na tela grande do cinema. Mas não podia. Diane não tinha permissão para entrar nesses lugares por causa da cor de sua pele.

Diane nasceu em Chicago, em Illinois, onde os negros tinham mais liberdade. Ela ficou impressionada com a segregação quando chegou ao Tennessee, em 1959, e decidiu que não deixaria a discriminação controlá-la sem antes lutar. Juntou-se, então, a um grupo de estudantes que se opunham à segregação por meio da não violência.

Em 1961, Diane ajudou a fundar o Comitê Coordenador Estudantil Não Violento (SNCC). O grupo ensinava não violência e organizava protes-tos. Como líder do SNCC, Diane conduziu campanhas de registro de votos, marchas e Viagens da Liberdade. Quando os viajantes foram atacados, Diane se recusou a deixar a violência impedir as viagens. Ela guardou seu testamento em um envelope em caso de morte e embarcou em um ônibus.

Diane estava no centro do movimento estudantil em Nashville. A jovem liderou protestos em lanchonetes e um boicote a lojas segregadas. Ela frequentava cinemas exclusivos para brancos. Liderou uma passeata até a prefeitura. Quando o prefeito saiu, ela corajosamente perguntou a ele: "Você acha que é errado discriminar uma pessoa apenas com base em sua raça ou cor?" Impressionado com a determinação da garota, o prefeito admitiu que era errado segregar! Nashville se tornou a primeira cidade do sul dos Estados Unidos a permitir que pessoas negras comessem em balcões de lanchonete.

Diane não esperou que os outros liderassem. Ela acreditava que toda pessoa tem a responsabilidade de agir. A empolgação, a liderança e as ações diretas de Diane inspiraram jovens de todo o país a se envolverem e resultaram em mais direitos para os negros.

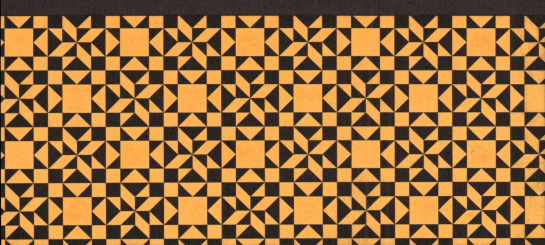

59 DIGA SIM

Cada um exerça o dom que recebeu para servir aos outros, administrando fielmente a graça de Deus nas suas múltiplas formas.
1PEDRO 4:10

Eu quero fazer apenas a vontade de Deus.

ELE AINDA NÃO SABIA, mas Martin Luther King Jr. tinha apenas um dia de vida.

Em seu último discurso, no dia 3 de abril de 1968, ele teve tempo para refletir sobre sua motivação para todo o trabalho, todos os discursos, todas as viagens, todos os protestos. Tudo se resumia a isto: "Eu quero fazer apenas a vontade de Deus."

No discurso, o dr. King também disse: "Eu estive no topo da montanha." Ele usava o topo da montanha como metáfora para explicar que estava vendo a mudança chegar. Ele estava tão satisfeito com essa visão de mudança que não tinha mais medo da morte. O propósito do dr. King era claro: ele vivia para servir a Deus.

O dr. King se concentrou em seguir a Deus através das trevas do racismo e da discriminação. Ele confiava que, como servo de Deus, sempre receberia a orientação do Senhor. Ao ler a Bíblia, orar e ouvir atentamente a sabedoria de outras pessoas que amam a paz, o dr. King aprendeu a ouvir a instrução e a direção de Deus. Pela fé, ele disse sim para seguir a vontade de Deus.

Como o dr. King sabia das mudanças que estavam por vir? Ele sabia porque via que Deus já havia gerado mudanças: os primeiros alunos negros a integrar as escolas brancas estavam se formando no Ensino Médio; negros e brancos andavam juntos no ônibus; muitos restaurantes recebiam todos os clientes; pessoas negras saíam das urnas com seus votos contabilizados. Essas mudanças foram resultado das vitórias conquistadas por todos os ativistas: judeus e gentios, protestantes e católicos, americanos de todas as raças e etnias.

A obediência do dr. King a Deus fez do país um lugar melhor. Por meio dele, Deus revelou a segregação e a desigualdade nos Estados Unidos. É difícil imaginar como seria o mundo hoje se o dr. King tivesse se recusado a fazer a vontade de Deus.

Deus também tem um plano para a sua vida. Nem sempre você saberá os detalhes, mas pode aprender a ouvir estudando a Bíblia, conversando com pessoas de confiança e orando. Podemos confiar nos bons planos de Deus para nós. Aceite ser servo de Deus. Diga sim às responsabilidades que ajudam você a crescer como jovem líder.

Ouça e siga a direção de Deus.

Espírito Santo, me mostra como ser um humilde servo de Deus.

60 SEGUINDO NA FÉ

 Combata o bom combate da fé. Tome posse da vida eterna, para a qual você foi chamado [...].
1TIMÓTEO 6:12

 A luta para eliminar o mal da injustiça racial constitui uma das maiores lutas de nossa época.

CORETTA SCOTT KING ANDOU À FRENTE DA MULTIDÃO que marchava. Debaixo de um véu preto, o queixo dela se erguia enquanto uma lágrima se formava. Ela estava de mãos dadas com o filho de 7 anos, Dexter. Os dois filhos mais velhos marchavam ao lado: Yolanda, de 12 anos, e Martin III, de 10. Apenas Bernice, de 5 anos, não participou.

Martin Luther King Jr. deveria liderar a marcha, mas não estava mais lá. Ele fora baleado quatro dias antes, em 4 de abril de 1968, e morreu. Coretta levou os filhos para Memphis, eles marcharam no lugar dele.

Muitas pessoas no país lamentaram a morte de Marin Luther King Jr. Sua perda foi como perder a melhor parte dos Estados Unidos. Foi como perder o sonho do dr. King. Muitos se revoltaram porque uma pessoa não violenta foi baleada. As pessoas estavam preocupadas com a possibilidade de que, sem o dr. King, o sonho da igualdade racial também morreria. Coretta desejava que o marido ainda estivesse vivo. Os filhos estavam em luto pelo pai.

Após o assassinato, os amigos do dr. King se preocuparam com a família dele e queriam que Coretta e as crianças tivessem segurança e conforto. Coretta entendia a preocupação, mas estava convencida de que deveria continuar lutando contra o mal da injustiça. A memória de seu marido seria mais honrada se a marcha em Memphis, e todo o trabalho dele, avançasse.

Coretta já era ativista e estava envolvida na luta pelos direitos civis antes de conhecer seu marido. Durante o casamento, ela cantou e tocou piano em eventos de caridade para arrecadar dinheiro para a causa. Depois da marcha de Memphis, ela também assumiu o papel de liderança do dr. King, organizando a Campanha dos Pobres. Ela passou a liderar inúmeras ações de combate à pobreza.

Coretta fundou o King Center para proteger o legado do dr. King e espalhar as mensagens de amor, igualdade e esperança dele. Ao longo da vida, ela falou e escreveu em defesa de quem sofria. Trabalhou para

promover os direitos das mulheres e participou de manifestações para protestar contra a segregação na África do Sul. Ela morreu em 2006.

Tempos difíceis talvez nos façam querer desistir. Quando você for tentado a desistir por causa do ódio ou do mal, olhe para trás e veja onde você já chegou. Lembre-se da diferença que já fez. Veja como seu caráter e sua fé amadureceram. Não deixe que as circunstâncias lhe digam o que fazer. Deixe que a fé faça você seguir.

Deixe a fé impulsionar você.

Espírito Santo, me dá fé para combater o bom combate, não importa a minha dor.

SOBRE OS AUTORES

DR. MARTIN LUTHER KING JR. (1929–1968), ativista dos direitos civis e ganhador do prêmio Nobel da Paz, inspirou e sustentou a luta pela liberdade, não violência, irmandade racial e equidade..

LISA A. CRAYTON é uma editora e escritora de não ficção versátil com mais de trinta anos de experiência. Escreve devocionais, artigos, guias de estudos bíblicos e obras de não ficção para adultos e crianças. Lisa tem especialização em escrita criativa e é conselheira regional da SCBWI e participante do programa de treinamento ministerial Alfred Street.

SHARIFA STEVENS é filha de imigrantes jamaicanos. É bacharel em estudos afro-americanos e especialista em teologia. Ela deseja usar a escrita como meio para levar os leitores a conectar com o sagrado e o honesto. É casada e mãe de dois meninos gentis. Moram em Daltas, no Texas.

CAMILLA RU é ilustradora e designer do Zimbabue e Grã-Bretanha. O trabalho dela incorpora suas raízes africanas, bem como seu amor por padrões e cores vibrantes e sua paixão por conectar pessoas por meio de suas represetanções. Gosta de explirar diversas formas de criatividade e recebe com alegria inspirações das experiências da vida para contar histórias, expandir a imaginação e inpirar alegria. Ela teve o privilégio de trabalhar em diversos projetos, de editoriais a literários, promocionais, entre outros.

Este livro foi impresso pela Santa Marta, em 2024, para a Thomas Nelson Brasil.

O papel do miolo é pólen bold 70g/m², e o da capa é couchê 150g/m².